Italienischer
Landhausstil

Italienischer Landhausstil

JANE GORDON CLARK

Fotos von Simon Upton

CHRISTIAN VERLAG

Für Charlotte, Venetia, Fenella, Sam und Matthew,
mit denen ich viele der Freuden Italiens geteilt habe.

Aus dem Englischen übersetzt von Dr. Eva Dempewolf
Redaktion: Gertraud Bellon
Korrektur: Petra Tröger
Umschlaggestaltung: Caroline Georgiadis
Herstellung: Dieter Lidl
Satz: Fotosatz Völkl, Puchheim

Die Originalausgabe mit dem Titel *Italian Style* wurde erstmals 1999 im Verlag Frances Lincoln Limited, London, veröffentlicht.

Printed in Singapore

ISBN 3-88472-412-6

HINWEIS

Alle Informationen und Hinweise, die in diesem Buch enthalten sind, wurden von der Autorin nach bestem Wissen und Gewissen erarbeitet und von ihr und dem Verlag mit größtmöglicher Sorgfalt überprüft. Unter Berücksichtigung des Produkthaftungsrechts müssen wir allerdings darauf hinweisen, dass inhaltliche Fehler oder Auslassungen nicht völlig auszuschließen sind. Für etwaige fehlerhafte Angaben können die Autorin, der Verlag und die Verlagsmitarbeiter keinerlei Verpflichtung und Haftung übernehmen.

Korrekturhinweise sind jederzeit willkommen und werden gerne berücksichtigt.

SEITE 1 Diese Naturstein-Loggia eines renovierten Gehöfts bietet Schutz vor der heißen toskanischen Sonne. Der an einem dekorativen Eisenhaken hängende halbrunde Korb kommt bei der Olivenernte zum Einsatz.

SEITE 2 BIS 3 Bisweilen bringen Restaurierungsarbeiten lange verborgene Fresken ans Tageslicht. In diesem Schlafzimmer kam ein zarter, verblasster Fries zum Vorschein, der zwar den Stil des Raumes vorgibt, jedoch weit davon entfernt ist, ihn zu dominieren.

DIESE SEITEN Wildblumen, wie sie im Frühling und Frühsommer die sanften Hügel der toskanischen Landschaft überziehen, kommen in dem schlichten weißen Krug besonders schön zur Geltung.

Inhalt

VORWORT

Wie kommt eine Engländerin dazu, ein Buch über den italienischen Wohnstil zu schreiben? Eine sehr legitime Frage, finde ich, denn wer könnte besser über ein Land Bescheid wissen als seine Einwohner. Andererseits tun sich Außenstehende bekanntlich leichter, einen umfassenden Überblick zu gewinnen und Fundamentales von unwesentlicheren Details zu unterscheiden – zumal in einem Land, dessen Stilrichtungen in ihrer Komplexität an einen kunstvoll aus vielen Einzelfäden gewobenen Bildteppich erinnern.

Unzählige Bücher wurden der Kunst- und Kulturgeschichte Italiens und ihrem Einfluss auf andere Länder gewidmet. Die großen Künstler und Philosophen der römischen Antike und der italienischen Renaissance haben das europäische Weltbild mitgeprägt. Dieses historische und künstlerische Erbe zeigt sich bis heute auch in der italienischen Wohnkultur – und zwar nicht nur in den prächtigen Villen und Palazzi berühmter Baumeister, sondern ebenso in all jenen schlichteren Häusern, deren Architektur aufs engste mit der Landschaft verbunden ist.

Nahezu jeder weiß etwas über die Geschichte Italiens, über die einzelnen Städte und Regionen, über die großen Künstler der Renaissance, des italienischen Barock und Rokoko. Dennoch möchte ich zur Einführung mein Buch mit einem kurzen kunst- und kulturhistorischen Überblick beginnen; ihm folgt eine Tour durch die wichtigsten Regionen Italiens, die sich derart voneinander unterscheiden, dass sie verschiedene Länder sein könnten.

Das Auge des Designers setzt andere Schwerpunkte als das des Kunsthistorikers. Es richtet die Aufmerksamkeit auf andere Aspekte und kann Gestaltungsprinzipien aufzeigen, die dem italienischen Landhausstil zwar zu Grunde liegen, aber bisweilen von der Üppigkeit des Dekorativen verdeckt werden und inmitten der aufgehäuften Besitztümer zahlreicher Generationen untergehen. Die in diesem Buch präsentierten Räume sollen diese Prinzipien – Proportion, Symmetrie und Ausgewogenheit – illustrieren. Zudem bietet der (moderne) Blick auf historische Interieurs die Möglichkeit zu zeigen, in welcher Beziehung diese Räume zur heutigen Innenarchitektur und -dekoration stehen. Bei der Gestaltung sämtlicher abgebildeten Häuser und Interieurs war es ein Grundanliegen, ihren Bewohnern Lebensfreude und Wohngenuss zu vermitteln – ganz im Gegensatz zu jenen urbanen Nobelsilos, die einzig dafür konzipiert sind, ein Maximum an Eleganz und Komfort bei minimalem Arbeitsaufwand zu garantieren.

Als ich zwölf Jahre alt war, nahm mich mein Großvater auf eine Italienreise mit, bei der ich unter anderem die italienische Riviera, Florenz, Siena und Rom kennen lernte. Die Sehenswürdigkeiten Italiens, die Geräusche und Aromen, der vibrierende Lebensrhythmus des Landes, seine Gemälde und Architektur – all das hinterließ einen unauslöschlichen Eindruck und weckte in mir eine leidenschaftliche Liebe zu allem Italienischen; als Studentin beschäftigte ich mich dann intensiv mit italienischer Architektur und Kunst. Vielleicht lässt mich meine Liebe zu Italien über manches nicht ganz Perfekte hinwegsehen; aber das tut der Sache keinen Abbruch. In Antwort auf die anfängliche Frage: Ich bin überzeugt, niemand vermag das Wesentliche des italienischen Wohnstils besser zu preisen als eine Frau, die ihn liebt. Und dafür hat ein Italiener Verständnis!

GEGENÜBER Diese romantisch idealisierte Landschaft, die im ausgehenden 18. Jahrhundert entstanden ist, wird oben von kunstvoll gemalten Draperien und Girlanden, unten von einer dekorativen Bordüre mit stilisiertem Rankenornament eingefasst. Ähnliche Motive schmücken die übrigen drei Wände des Raumes und entführen den Betrachter in das malerische Idyll Arkadiens.

KLEINE KUNST- UND KULTURGESCHICHTE ITALIENS

Italien ist reich an grandiosen Bauwerken und historischen Interieurs, die an seine wechselvolle Geschichte erinnern. Dieses gewaltige kulturelle Erbe – von der Symmetrie und Ausgewogenheit der klassisch-römischen Baukunst über die herrliche Renaissance-Architektur bis zur pompösen Pracht des Barock – begleitet die Entwicklung des italienischen Wohnstils. Von nicht minder prägendem Einfluss ist das Land selbst, dessen Regionen abwechslungsreicher kaum sein könnten und dessen Landschaften mit ihren Farben die Menschen bei der Gestaltung ihrer Wohnräume inspiriert haben.

Die Dekoration der Fensternischen (gegenüber) basiert auf Malereien, mit denen Raffael die Loggien des Vatikans schmückte. Raffael seinerseits hatte sich bei seiner Arbeit von den kurz zuvor freigelegten Überresten eines Palastes des römischen Kaisers Augustus anregen lassen.

HISTORISCHE EINFLÜSSE

Eine der frühesten Kulturen Italiens war die der Etrusker, die enge Handelsbeziehungen zu Griechenland unterhielten und von dort große Mengen Töpferwaren importierten. Der größte Teil der erhaltenen etruskischen Artefakte stammt aus Gräbern und umfasst schöne Metallarbeiten und Sarkophage. In einigen alten Städten, wie dem umbrischen Perugia, erstreckt sich unter den mittelalterlichen Gassen und Gebäuden ein Netzwerk etruskischer Gräber.

Um Raum für ihre eigenen Bauwerke zu schaffen, die ganz Italien beherrschten und mancherorts noch die Kulisse des modernen Lebens bilden, trugen die Römer die meisten Bauten der Etrusker ab und löschten deren Kultur weitgehend aus. Heute sind römische Mauern Bestandteil vieler späterer Gebäude, und mächtige Bauten wie das Kolosseum und die Caracalla-Thermen in Rom erinnern an ein Imperium, das zu seiner Glanzzeit ganz Süd- und Westeuropa sowie Großbritannien umfasste und im Osten bis nach Mesopotamien und ans Kaspische Meer reichte.

Im Mittelalter begannen sich dann regional unterschiedliche Stile herauszubilden. In Städten, die viel Kontakt zum Orient pflegten, setzte sich ein deutlich von Byzanz beeinflusster Architekturstil durch; die imposanten Kuppeln und goldschimmernden Mosaiken der Markusbasilika in Venedig sind nur das bekannteste Beispiel. Später vermischten sich diese orientalischen Elemente mit der von Norden kommenden Gotik, und es entstanden Bauwerke wie der Dogenpalast, der den Markusplatz abschließt. In reinerer Ausprägung findet man den gotischen Stil weiter nördlich im Mailänder Dom, dessen Fassade sich als luftige Komposition aus Spitzbogen, Strebepfeilern und Fialen präsentiert. Hier zeigt sich ein Baustil, der seine Entstehung der engen Verbindung zwischen den Königshäusern Norditaliens, Frankreichs und Böhmens verdankt. In Mittelitalien – in Florenz, Siena und Assisi – weist die Gotik eine robustere Handschrift auf, während im Süden und auf Sizilien eine Mischung aus griechischer, römischer, byzantinischer, maurischer und normannischer Architektur vorherrscht – Hinterlassenschaft der einander ablösenden Invasoren und Kolonialherren.

Anfang des 15. Jahrhunderts begann sich in Florenz der Geist der Renaissance durchzusetzen: Gelehrte, Künstler und Mäzene entdeckten Schriften und Gedankengut des klassischen Altertums neu, andere finanzierten Grabungsarbeiten zur Freilegung altrömischer Bauwerke. Und die klassische Architektur inspirierte junge Künstler.

Filippo Brunelleschi (1377–1446), dem wir die gewaltige Kuppel des Doms von Florenz verdanken, studierte die antiken Bauten Roms aufs gründlichste, ließ deren Konzept von perfekter Proportion und Harmonie in seine eigenen Arbeiten einfließen und kopierte Bogen, Säulen, Kapitelle, Giebelfelder, Architrave und andere Architekturelemente, mit denen die Römer ihre Bauwerke geschmückt hatten. Zusammen mit dem Baumeister, Humanisten und Kunsttheoretiker Leon Battista Alberti (1404–1472), der

DIESE SEITE UND GEGENÜBER Der wechselnde Geschmack der Jahrhunderte hat die schlichten Entwürfe vieler etruskischer und römischer Artefakte unberührt gelassen. Einige Formen werden noch heute hergestellt. Statuen und Büsten von weltlichen Herrschern und Göttern schmücken zahlreiche Brücken und Gärten – nicht selten Seite an Seite mit Gestalten des Christentums, die an ihre Stelle getreten waren. Auch der künstlerische Einfluss fremder Kulturen, etwa der von Byzanz, blieb präsent, obwohl die Handelsbeziehungen, die ihn nach Italien gebracht hatten, längst erloschen waren.

Trotz der gotischen Form dieses Bogens im Torre di Bellosguardo erinnert die abgebildete Gartenszene deutlich an antike römische Wandmalereien. So finden sich hier nicht nur die Farben wieder, die die Wände römischer Villen schmückten, auch die Art der figürlichen Darstellung weist eine große Ähnlichkeit auf. Bei diesem Fresko wechseln sich in den Spitzbogen stilisierte Orangen- und Zitronenbäumchen vor gelbrotem Hintergrund ab. Vögel tummeln sich auf den Ästen und zwischen dem silbergrünen Blattwerk. Die Szenerie wird unten von einem Trompe-l'œil-Zaun begrenzt.

gleichfalls gerne auf die antiken Formen und Schmuckelemente zurückgriff, legte Brunelleschi den Kanon für jenen antikisierenden Stil fest, der nachfolgende Generationen beeinflusste.

Die – heute klar gezogenen – Grenzen zwischen Architektur, Malerei, Design und Dekoration spielten in der Renaissance, wenn überhaupt, nur eine untergeordnete Rolle. Raffael (1483–1520) beispielsweise war beileibe nicht nur Maler, sondern studierte zudem die altrömische Baukunst und erhielt zusammen mit seinem Zeitgenossen Donato Bramante (1444–1514) Aufträge als Architekt und Bauleiter im Vatikan. Er gestaltete auch die Privatgemächer des Papstes um und malte unter anderem die Stanza della Segnatura mit Fresken aus, die heute als vollkommenste Verkörperung der Renaissance gelten. Seine Motive brachten die komplexen Beziehungen zwischen antiker Philosophie und christlicher Theologie zum Ausdruck, untermauerten so den Gedanken der Renaissance und inspirierten ungezählte spätere Künstler.

Raffaels Interesse an der römischen Antike wirkte sich nicht nur auf seine Tätigkeit als Baumeister aus, sondern beeinflusste auch den Bereich der Innenausstattung. Von Papst Leo X. mit der Dekoration der vatikanischen Loggien beauftragt, untersuchte er kurz zuvor ausgegrabene römische Villen, wo er Wandmalereien entdeckte, die über ein Jahrtausend im Verborgenen geschlummert hatten. Raffael ließ sich in einem Korb durch Löcher in der Decke abseilen, erblickte im flackernden Licht einer Kerze die prächtigen Farben und die üppige Ornamentik römischer Fresken und zögerte nicht, die Akanthusranken, Arabesken, Schmuckbordüren und Grotesken abzuzeichnen. (Die Bezeichnung „Groteske" für fantastisch gestaltete Tier- und Pflanzenmotive in der Ornamentik leitet sich von dem italienischen Wort *grotta* her und bezieht sich auf die unterirdischen Räume – Grotten –, in denen man sie gefunden hat.) Raffaels Arbeiten im Vatikan wurden vielfach kopiert und beeinflussten die dekorative Kunst im gesamten abendländischen Raum.

Auch die Vorliebe der Italiener für Trompe-l'œil-Malerei hat ihren Ursprung in der Antike. Im Haus der Livia am Palatin etwa waren die Wände mit perspektivischer Scheinarchitektur geschmückt, die die Illusion von Weite und Räumlichkeit hervorrief. Die Maler der Renaissance griffen diese Darstellungsweise auf und schufen Säulen und Pilaster, auf denen die Decke zu ruhen scheint, Fresken, die wie kunstvoll behauener Naturstein wirken, klassische Gestalten, die scheinbar massive Tympana tragen, und gemalte Landschaften, die den Blick wie durch Fenster ins Freie entführen. Wände wurden häufig in einzelne Felder unterteilt und mit Girlanden aus lebensecht gestalteten Blüten, Blättern und Früchten sowie farbenprächtigen, verschlungenen Arabesken so exquisit wie üppig dekoriert.

Einer der ersten Künstler, die die Trompe-l'œil-Malerei perfektionierten, war Andrea Mantegna (1431–1506). Zu seinen Arbeiten im Herzogspalast von Mantua zählt ein faszinierendes Deckenfresko, das ein Loch zeigt, durch das man scheinbar den Himmel sowie eine Reihe von Leuten sieht, die neugierig von oben heruntergucken. Mantegnas Werk löste unter anderen italienischen Malern eine regelrechte Trompe-l'œil-Manie aus, und überall experimentierte man mit neuen Möglichkeiten dieser Technik. Paolo Veronese (1528–1588) etwa überraschte Besucher der Villa Barbaro in Maser mit lebensgroßen Gestalten, die durch eine halb geöffnete Tür zu sehen sind; am Ende eines Korridors tritt ein Jäger mit einem erlegten Kaninchen ein, und mehrere Personen – die Hausherrin und Bedienstete – schauen über eine gemalte Balustrade auf den Betrachter herab.

Anfang des 17. Jahrhunderts bildeten sich die Ideale des Barock heraus. Obgleich Baukunst und Dekoration nach wie vor der Antike verpflichtet blieben und diese interpretierten, geschah dies nun doch in anderem Umfang: Fresken und dekorative Malerei entwickelten eine erstaunliche Lebhaftigkeit, und kein Zentimeter Decke oder Wandfläche blieb mehr ungeschmückt. Alles wies in Richtung Pomp, Theatralik und Überfluss. Mit breiter Farbpalette und ausgeprägtem Chiaroscuro (Helldunkelkontrasten) inspirierte das Werk von Michelangelo Merisi da Caravaggio (1573–1610) die zeitgenössische Malerei. Seine Technik, bestimmte Bildteile auszuleuchten, verleiht dem Geschehen auf der Leinwand eine Dramatik, die den Betrachter unweigerlich mit einbezieht.

In Rom verhalf päpstliches Mäzenatentum der barocken Bau- und Bildhauerkunst zu einer überwältigenden Blüte. Die Werke der Baumeister und Bildhauer Gianlorenzo Bernini (1598–1680) und Francesco Borromini (1599–1667) ließen mit ihrer kraftvollen Formenvielfalt die zurückhaltende Strenge klassischer Ideale weit hinter sich. Borrominis Entwurf für San Carlo alle Quattro Fontane etwa, eine seiner frühesten Arbeiten, zeigt einen rhythmischen Wechsel zwischen Massivität und Raum, kombiniert mit einem kunstvollen Zusammenspiel geschwungener Linien, was zur damaligen Zeit als innovativ und gewagt erschien. Berninis unverwechselbare Bauten, Skulpturen und Grabmäler prägen bis heute das Bild der Stadt. Eines seiner bekanntesten Werke ist die

Das Zeitalter des Barock war gekennzeichnet von üppigen, überschwänglichen Verzierungen. Auf diesem Fresko aus dem frühen 18. Jahrhundert, das sich zwischen Gesims und Decke eines Schlafraumes befindet, scheinen die beiden Figuren von unten beleuchtet – so als agierten sie auf einer Bühne. Ein Hund beobachtet aufmerksam die Szene.

OBEN Rokokoschnörkel aus Stuck schmücken die Wände zu beiden Seiten des Kamins und dessen reich verzierten Aufsatz. Das Mandelgrün und das zarte Altrosa sind typisch für die weichen, gedämpften Töne, denen man im 18. Jahrhundert den Vorzug gab.

GEGENÜBER Die Geburt des Klassizismus markierte die Rückkehr zu den Idealen edler Schlichtheit. Ein Beispiel des neuen Stils ist an diesen Türfeldern zu bewundern. Die Rückseiten der Türen sind plan und von Ignazio Moder mit bäuerlichen Szenen verziert. Der Tiroler Maler verbrachte 1780 neun Monate damit, die Eingangshalle mit einem fortlaufenden Fresko zu schmücken. Als Inspiration diente das Werk von Bartolomeo Zocci (S. 53).

Fontana dei Fiumi auf der Piazza Navona mit ihren allegorischen Statuen, die Flüsse der vier damals bekannten Erdteile verkörpern.

Im Laufe des 18. Jahrhunderts wichen dramatische Schwere und Überschwang des Barock der verspielten Leichtigkeit des Rokoko. Die Möbel wurden feiner, zierlicher; häufig bemalte man billige Stücke aus Weichholz, um einen höheren Wert vorzutäuschen. Die Wände der Villen und Palazzi schmückten dekorative Stuckaturen, und blassere, helle Farben kamen in Mode.

Die riesigen Wand- und Deckengemälde des venezianischen Künstlers Giovanni Battista Tiepolo (1696–1770), deren illusionistische Dramatik den Betrachter nahezu überwältigt, repräsentieren das italienische Rokoko in Reinstform. Von feurigen Pferden gezogene Wagen entspringen hellen Wolkenfetzen, während überall am Himmel pausbäckige Putti umhertollen. Und die Szenen an den Wänden sind von einem solchen Realismus, dass sich der Betrachter in die Handlung einbezogen fühlt.

So wie der dekorative Stil der Renaissance wesentlich von der Entdeckung antiker römischer Bauten geprägt war, beeinflussten die bemerkenswerten Funde von Pompeji und Herculaneum, den beim Ausbruch des Vesuvs 79 n. Chr. unter einer mächtigen Ascheschicht begrabenen Städten, die Kunst des 18. Jahrhunderts. Archäologen legten herrlich bemalte Gefäße, Küchenutensilien und Gegenstände des täglichen Lebens frei. Und im Laufe der Ausgrabungsarbeiten gelangten ganze Räume mit prächtigen Wandmalereien ans Tageslicht.

Die Begeisterung über diese Entdeckungen belebte auch das Interesse am klassischen Altertum neu, und zwar nicht nur in Italien. Architekten und Künstler aus ganz Europa statteten Pompeji einen Besuch ab und kehrten heim mit Skizzenbüchern voll klassischer Motive und Ornamente, die sie in ihre Entwürfe einarbeiteten. Die Funde von Pompeji und das neu erwachte Interesse an der römischen Antike führten zur Entwicklung des Klassizismus. Dieser Stil wurde bevorzugt bei öffentlichen Bauten verwendet, zu deren Funktionalität die reinen, geraden Formen und klaren Linien weitaus besser passten als die schnörkeligen Exzesse von Rokoko und Barock.

Der Klassizismus knüpfte an die Ideale der Klassik – ausgewogene Proportionen, Symmetrie und reiche Ornamentik – an, interpretierte diese jedoch um. Natürlich wurde auch er von anderen Stilrichtungen abgelöst, deren Vertreter diese Prinzipien nun ihrerseits wieder abwandelten. Selbst moderne Designer und Architekten erkennen diese historischen Einflüsse an, auch wenn ihre Entwürfe – zumal die dem experimentellen Modernismus verpflichteten – häufig gerade die Antithese der klassischen Formprinzipien zu verkörpern scheinen.

REGIONALE EINFLÜSSE

Italien ist ein wunderschönes Land mit einer überraschend reichen Vielfalt unterschiedlicher Landschaften. Vor der Einigung im Jahr 1861 bestand es aus einer Reihe autonomer Stadtstaaten, Königreiche und Ländereien der katholischen Kirche mit jeweils eigenem Dialekt, eigener Kultur und Ökonomie. Geographische und klimatische Unterschiede verstärken den einzigartigen Charakter jeder Region: Die Fahrt vom Norden des Landes über Mittelitalien bis zur südlichsten Spitze des Stiefels und über das Meer nach Sizilien führt den Reisenden durch abwechslungsreiche Szenerien und präsentiert ihm ein mannigfaltiges Spektrum an Farben, Baustilen, dekorativen Elementen – und Lebensweisen.

Den äußersten Norden Italiens krönen wie eine weiß glitzernde Tiara die Alpen, die Italien von Frankreich, der Schweiz und Österreich trennen. Diese Nachbarstaaten haben die Region stark beeinflusst. Traditionelle Wohnhäuser sind wie Chalets aus Stein erbaut und tragen Holzschindeln. In den Dolomiten, die bis 1919 zum Habsburgerreich gehörten, herrscht bis heute der österreichische Stil vor. Tiroler Häuser bestehen aus Holz und haben weit vorragende Dächer, geschnitzte Balkongeländer und hübsch verzierte Fensterläden. Im Inneren sorgen ein großer Kamin oder Kachelofen und bequeme Möbel für eine heimelige Atmosphäre. Die Wände sind häufig holzverkleidet; das in der Region hergestellte Mobiliar ist mit traditionellen Motiven bemalt. Wie draußen vor der Tür der klarblaue Himmel einen strahlenden Kontrast zum Weiß der schneebedeckten Berge und dem dunklen Grün der Wälder bildet, so ist auch die Innendekoration vorwiegend in kräftigen Grün-, Blau-, Rot- und Gelbtönen gehalten, die sich gegen den Hintergrund aus Naturholz abheben. Dazu kommt jede Menge Weiß in Form von grob gewebtem Leinen und dicken, handgearbeiteten Häkelspitzen. Ursprünglich Gehöfte, dienen diese malerischen Häuser heute oft als behagliches Wochenenddomizil für Skifahrer und Bergsteiger.

Am Fuße der Berge hinterließen die eiszeitlichen Gletscher ein Hügelland mit spiegelblauen Seen und riesigen Waldgebieten, hinter dem sich als atemberaubende Kulisse die schneebedeckten Gipfel erheben. Die Dramatik der zerklüfteten Gebirgslandschaft bildet einen eindrucksvollen Gegensatz zu der ruhigen Weite der Gewässer. Seit Jahrhunderten zieht es Besucher und Erholungsuchende in die Region, deren elegantes Flair man ausschließlich in diesem Teil Italiens findet. Die römischen Schriftsteller Plinius der Ältere und der Jüngere wurden hier in Novum Comum (dem heutigen Como) geboren, und die englischen Dichter der Romantik, Shelley und Wordsworth, fanden am Comer See Inspiration.

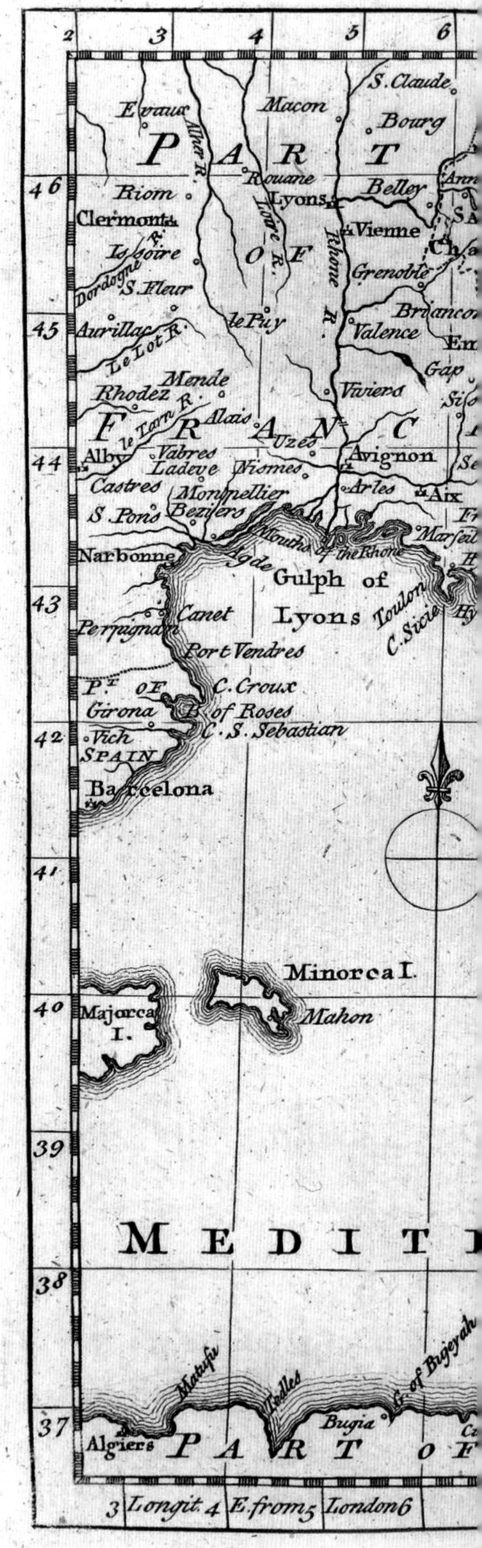

Diese Landkarte aus dem späten 18. Jahrhundert, wie sie damals bildungsbeflissene Engländer auf ihrer »Grand Tour« benutzt haben mögen, zeigt Italien vor der Einigung der Nation 1861. Jede Region hatte ihre eigenen Sitten und Gebräuche, die ebenso aus den politischen und wirtschaftlichen Modalitäten resultierten wie aus landschaftlichen und klimatischen Gegebenheiten. Obwohl diese Teilung weit über hundert Jahre zurückliegt, fühlen sich die meisten Italiener auch heute noch ihrer Heimatregion sehr eng verbunden und bezeichnen sich dementsprechend eher als Sizilianer, Toskaner, Römer oder Venezianer denn als Italiener.

AN
ACCURATE MAP
of
ITALY,
from the latest
IMPROVEMENTS.
and Regulated by
Astronomical Observations.
Italian & British Statute Miles.
20 40 60 80 100 200
SWITZERLAND
GERMANY
CROATIA
DALMATIA
GULPH of VENICE or ADRIATIC SEA
MILAN
PARMA
MANTUA
TUSCANY
CHURCH
ROME
NAPLES
CORSICA I.
SARDINIA
SICILY
LIPARI Is.
Gulph of Manfredonia
G. of Gaeta
GULPH OF TARANTA
G.of Squillace
PART OF TURKEY IN EUROPE
ALBANIA
LIVADIA
MOREA
Cephalonia I.
Corfu I.
Zante
AFRICA
SEA
Florence
Leghorn
Bologna
Venice
Genoa
Naples
Palermo
Messina
Trieste
Ragusa
Scutari
Valona

Vornehme Villen aus dem 18. und 19. Jahrhundert säumen die Seeufer, dazwischen hin und wieder ein Renaissance-Schlösschen oder ein moderner Bau im traditionellen Stil. Die Innenräume sind kühl gehalten, mit Marmorböden und großen Fenstern. Viele der Häuser haben balustradengeschmückte Terrassen und stehen inmitten parkähnlicher Gartenanlagen. Prächtige Tore sowie Möbel und Accessoires aus Schmiedeeisen zeigen spanischen Einfluss.

Im Osten, an der nördlichen Adriaküste, liegt Venedig. Die grandiosen Palazzi der Serenissima sind reicher und auch auffälliger geschmückt als die jeder anderen Stadt. Wohlhabend wurde einst die Siedlung durch das Salz der Lagune; der wahre Reichtum kam jedoch mit dem Orienthandel. Zur Zeit der Kreuzfahrer brachten venezianische Schiffe Kriegsheere in die Levante und kehrten mit exotischen Schätzen beladen zurück. In Konstantinopel erwarben venezianische Kaufleute sibirische Pelze und Bernstein aus dem Baltikum sowie Teppiche, Elfenbeinarbeiten, Seide und Gewürze aus Indien, Tibet und China. Gleichzeitig brachten sie orientalische Stilelemente mit in die Heimat: Eine Fahrt über den Canal Grande enthüllt die grandiose Vielfalt prunkvoll geschmückter Fassaden mit deutlich maurischem Einfluss, der seinen Höhepunkt im Dogenpalast am Markusplatz findet. Zu dieser architektonischen Fülle gesellten sich prächtige Palazzi, in denen sich Barock und Klassizismus mit weiteren Stilelementen des 18. Jahrhunderts mischten. Heute ziehen die bemalten Fassaden in einer harmonischen Folge rötlicher Töne vorüber – von tiefem Rostrot über Karmesin und Himbeer bis zu Koralle, Terrakotta und Cremerosa –, hin und wieder unterbrochen von einem Tupfer Gelb, Ocker oder Grün.

Ihren teils exotisch anmutenden Fassaden zum Trotz waren die Palazzi der Lagunenstadt als Wohn- und Geschäftshäuser venezianischer Kaufleute konzipiert. Das Erdgeschoss, auf dem Wasserwege zu erreichen, hatte riesige Türen, durch die große Lasten passten. Die Fracht wurde in den kühlen, dunklen Lagerräumen gestapelt. Eine Etage höher, im lichten, geräumigen *piano nobile* befand sich die Wohnung der Kaufmannsfamilie. Bei der Ausstattung dieser repräsentativen Räume wurde nicht gespart, und so präsentieren sich die hohen Zimmer im Schmuck üppigster Stuckateurskunst: Putti tummeln sich zwischen Blüten und Ranken oder lugen hinter kunstvoll drapierten Seidenbehängen hervor, die sich bei näherem Hinsehen ebenfalls als bemalter Gips entpuppen. Holzbalken sind mit zarten Mustern dekoriert und vergoldet, und die Decken tragen herrliche Fresken, in einigen Fällen sogar vom Meister seines Fachs, dem Venezianer Tiepolo (S. 16), eigenhändig ausgeführt. Gerne verhängte man die Wände mit schwerem Seidendamast oder schmückte sie mit Trompe-l'œil-Malereien, um kostbare Marmorintarsien vorzutäuschen. Manchmal wurden sie in Felder und Kassetten unterteilt und mit Farben ausgemalt, die nach heutigem Geschmack als schlichtweg grell bezeichnet werden müssen. Und die Fußböden, inmitten all der Opulenz nicht zu vernachlässigen, waren häufig mit farbigem Marmor ausgelegt oder bestanden aus Terrazzo, in dem echte Halbedelsteine funkelten.

Im Sommer flohen die reicheren Venezianer vor der drückenden Hitze der Stadt auf ihre Landsitze im kühleren Veneto. Viele verbrachten dort mehrere Monate und verlagerten ihren ganzen Hausstand, mitsamt Personal, Möbeln und Hausrat, aufs Festland. Einige der schönsten Villen des Veneto entstanden nach Entwürfen des von der klassischen Antike inspirierten Baumeisters Andrea Palladio (1508–1580), dessen *Quattro libri dell'architettura* (1570) Generationen von Architekten beeinflussten. Auf seinem Reißbrett entstanden keine gewöhnlichen Land- oder gar Bauernhäuser, sondern eindrucksvolle Villen mit exquisiten Proportionen, symmetrischem Grundriss, ebenmäßiger Fassade und zentralem Portikus.

GEGENÜBER Die steilen Felswände des Monte Civetta in den Dolomiten bilden einen atemberaubenden Kontrast zu dem verschneiten See, der sich vor der kleinen Ortschaft Allegre erstreckt.

OBEN RECHTS Die klassischen Proportionen der Villa Saraceno im Veneto zeigen die Handschrift des berühmten Architekten Andrea Palladio.

NACHFOLGENDE DOPPELSEITE Nachdem sie den ganzen Tag Touristen durch die malerischen Kanäle Venedigs geschaukelt haben, sind diese Gondeln am Canal Grande für die Nacht abgedeckt und liegen an Holzpfählen vertäut.

Typische Beispiele sind die Villa Malcontenta am Brenta-Kanal und die Villa Barbaro in Maser, deren Wände Paolo Veronese mit den herrlichsten Fresken bemalt hat (S. 15).

Auf dem Festland stand wesentlich mehr Platz zur Verfügung als in der Lagunenstadt, und so wurden rund um die Landsitze große formelle Gärten angelegt, in denen niedrige, kunstvoll gestutzte Buchshecken die Blumenbeete säumten; Alleen luden zum Lustwandeln ein, während in Reihen aufgestellte Statuen dem Auge Abwechslung boten.

Im geographischen Herzen des Landes liegen die Regionen, die zum Inbegriff italienischer Landschaft geworden sind: die Toskana und Umbrien. Ihre buckeligen Hügel mit kleinen Weilern oder terrakottafarbenen Städtchen, ihre von Zypressen gesäumten Straßen und ihre befestigten Burgen mit den hohen Wehrtürmen, die an strategisch günstigen Stellen in den blauen Himmel ragen – all das wirkt wie aus einem Renaissance-Gemälde geschnitten.

Florenz, Hauptstadt der Toskana und Geburtsort der Renaissance, war im 15. Jahrhundert die mächtigste Stadt Europas. Sein Wohlstand basierte auf Finanzwirtschaft und Handel, und die herrschenden Medici dürften die kapitalkräftigsten Bankherren des gesamten Abendlandes gewesen sein. Hand in Hand mit dem immensen Reichtum ging ein generöses Mäzenatentum: Gefördert von den Medici und anderen vermögenden Familien, florierten in der Renaissance Wissenschaft, Literatur, Dichtkunst und Musik sowie Architektur, Bildhauerei und Malerei mit Namen wie Donatello, Ghiberti, Fra Filippo Lippi, Fra Angelico, Brunelleschi, Ghirlandaio, Botticelli, della Robbia, Uccello, Gozzoli, Pollaiuolo, Alberti, Vasari, Leonardo da Vinci und Michelangelo. Seit der griechischen Antike hatte es keine bedeutendere Blüte der Künste gegeben. Gegen Ende des Jahrhunderts prangerte dann der Bußprediger Girolamo Savonarola (1452–1498) die zu große Freizügigkeit und den Sittenverfall unter der Medici-Herrschaft und am päpstlichen Hof an; schließlich wurde er aber wegen Häresie zum Tode verurteilt, gehenkt und auf dem Scheiterhaufen verbrannt.

Die eindrucksvollen Paläste, die die Straßen von Florenz säumen, sind bleibende Denkmäler immensen Reichtums, stehen mit ihren abweisend wirkenden Fassaden jedoch in auffälligem Kontrast zu den prächtigen Palazzi Venedigs. Florentiner Architekten hielten sich streng an die klassischen Proportionen und suchten das Konzept von Ausgewogenheit und Symmetrie zu perfektionieren. Zugleich hatten sie allerdings für die Schutzfunktion

DIESE SEITE UND GEGENÜBER Da Florenz im Mittelalter des öfteren angegriffen wurde, errichtete man auf den umliegenden Hügeln Wehrtürme. Größere Gebäude in der Stadt hatten zum Schutz mächtiges Mauerwerk und in den unteren Geschossen eiserne Fenstergitter. Um die Architektur nicht zu streng wirken zu lassen, schmückte man die Fassaden mit Statuen und Ornamenten. Heute beherrscht Brunelleschis berühmte Kuppel das Stadtbild.

der Gebäude zu sorgen, denn Florenz war (wie viele italienische Städte) häufig Brutstätte der Gewalt.

Während für die unteren Geschosse grobe Steinquader und massive Eisengitter typisch sind, finden sich darüber großzügige, häufig mit klassischen Elementen geschmückte Fensteröffnungen. Die schweren Bogentüren öffnen sich zu einem Durchgang, der in den umschlossenen Innenhof führt. Diesen Grundriss findet man in Palazzi jeder italienischen Altstadt. Heute sind aus den großartigsten dieser Stadtpaläste Museen geworden; die kleineren beherbergen Hotels oder geräumige Wohnungen.

In der herrlichen toskanischen Landschaft rings um Florenz errichtete Lorenzo de' Medici (1449–1492) mehrere große Renaissance-Villen, deren Eingang das Familienwappen ziert. Zahlreiche andere Adelsfamilien folgten seinem Beispiel und verliehen der Region einen eigenen, distinguierten Architekturstil, der sich selbst in weniger zu Repräsentationszwecken entworfenen Bauten, wie einfacheren Landhäusern und Gutshöfen, fortsetzt. So kommt es, dass sogar Bauernhäuser eine Eleganz aufweisen, die in anderen ländlichen Gebieten Italiens unbekannt ist.

Jede Reise durch die Toskana und Umbrien gleicht immer auch einer Pilgerfahrt zu den großen mittelalterlichen Klöstern und Kathedralen, in denen Künstler wie Cimabue, Simone Martini und Giotto mit ihren Werken den Allmächtigen priesen. Die Architektur der malerischen mittelalterlichen Hügelstädte Siena, Cortona, Gubbio, Perugia, Orvieto, Todi und Assisi diente vielen anderen Orten als Vorbild. Wohnhäuser, Geschäfte und Kirchen säumen dicht gedrängt kopfsteingepflasterte Gassen, die so schmal sind, dass man zwischen den Häuserreihen Wäscheleinen spannen und sich von Fenster zu Fenster unterhalten kann. Enge, schattige Sträßchen öffnen sich zu einer großen Piazza, wo Markt gehalten wird. Hier feiert man auch Feste oder trifft sich bei dem abendlichen Spaziergang, der *passeggiata*, mit Freunden und Bekannten.

Diese Städte sind von mächtigen steinernen Schutzmauern umgeben, denn das Mittelalter war eine gewalttätige Zeit: Familienfehden endeten nicht selten in einem Blutbad, und Handwerksgilden und Cliquen, aber auch Dörfer und Städte lagen in ständigem Streit miteinander, wobei wiederholt wechselnde Allianzen die erbitterten Auseinandersetzungen nicht minderten. Es war auch die Epoche blutiger Gefechte zwischen Guelfen und Ghibellinen, von denen zahlreiche über die Region verstreute Türme und Burgen zeugen. Wer sich zur Sache der adeligen Ghibellinen bekannte, brachte dies durch Fischschwanz-Zinnen auf dem Wehrturm zum Ausdruck, während die Anhänger des Papstes, die Guelfen, ihre Zinnen rechteckig bauten. Aus der heutigen Sicht fällt es freilich

schwer, sich diese liebliche, friedvolle Landschaft, wie wir sie auch aus den Bildern Giottos kennen, als Schlachtfeld vorzustellen.

Ursprünglich lagen die Gehöfte der Toskana und Umbriens inmitten der zu bewirtschaftenden Felder, doch in Folge einer weitreichenden Landreform kam es in den 1950er Jahren zu einer regelrechten Landflucht. Tausende Bauern zogen in die Städte und ließen ihre Häuser verfallen. Doch es dauerte nicht lange, bis die ersten Städter, von der idyllischen Landschaft und dem beschaulichen Lebensstil bezaubert, das Potential dieser Gebäude erkannten und anfingen, sie aufzukaufen und zu renovieren. Heute haben engagierte Besitzer viele Gehöfte weitgehend in ihren ursprünglichen Zustand zurückversetzt (allerdings mit Strom- und Wasseranschluss). Liebevoll wurden Dächer mit ortsüblichen Terrakottaziegeln ausgebessert, die rasch Patina bilden, und fehlende oder reparaturbedürftige Mauern mit Sand- und Kalkstein aus der Region rekonstruiert, so dass sich die Häuser perfekt in die gewachsene Natur einfügen.

Auch im Inneren spiegelt sich diese naturverbundene Schlichtheit wider, mit Terrakottaböden, schmucklosen, farbig oder weiß getünchten Wänden, Deckenbalken und hölzernen Fensterläden. Die Küchen sind der Tradition entsprechend gefliest. Den Wohnbereich findet man sparsam, aber nicht spärlich möbliert, wobei funktionale Stücke von guter Qualität überwiegen. Die Möbel bestehen traditionell aus dunklem Holz; manchmal sind sie neu gefertigt, aber nach altbewährten Entwürfen. So entstand ein Stil, der der modernen Sehnsucht nach natürlichem Leben entspricht und doch frei ist von jenem raffinierten Schick urbaner Lebensart.

Bevor es Mode wurde, ein Haus in der Toskana zu besitzen, verbrachten die meisten Italiener ihre Ferien am Strand, und auch heute noch zieht es viele Sommer für Sommer ans Meer. Im Norden bietet das italienische Gegenstück der französischen Riviera eine malerische Felsküste mit steilen Klippen, die sich landein-

Umbrien gilt als das grüne Herz Italiens. An den Hängen der dicht bewaldeten Hügel wechseln sich Eichen mit Kastanien, Birken, Weißdorn und Stechpalmen ab, während entlang der weißen Straßen Zypressen wie Ausrufezeichen in den Himmel ragen. Im Frühjahr setzt Stechginster der Landschaft leuchtend gelbe Lichter auf, und später legt sich ein bunter Blütenteppich über Wiesen und Felder. Im Sommer verströmen Heckenrosen und Geißblatt ihren betörenden Duft, während der Herbst reiche Brombeerernte bringt. Jetzt ist auch die Zeit zum Pilzesuchen und für die Weinlese gekommen; die Oliven hingegen werden erst an frostigen Novembertagen gepflückt. Überall in der Landschaft stehen die urtümlichen Gehöfte, deren Natursteinmauern und Terrakottaziegel sich harmonisch in die Umgebung einfügen. Viele sind zu komfortablen Ferienhäusern umfunktioniert, doch konnten strikte Bauverordnungen eine Verschandelung der Landschaft bislang verhindern.

wärts in engen, oft dicht bewaldeten Tälern fortsetzen. Die Villen am Meer, gleichgültig wie grandios, müssen sich auf den steilen, terrassierten Hängen mit winzigen Parzellen bescheiden, doch machen die spektakuläre Aussicht und sattgrüne, halbtropische Gärten dieses Manko an Platz mehr als wett. In den größeren ligurischen Badeorten wie Alassio und San Remo säumen die eleganten Fassaden traditionsreicher Grandhotels eine lange Promenade, zu deren anderer Seite sich makellose Sandstrände erstrecken. Die meisten Bauten entstanden im 19. Jahrhundert, als sich hier der europäische Adel und Geldadel versammelte. Viele der feudalen „Ferienhäuser" präsentieren sich höchst ausgefallen, Jugendstilvillen stehen neben neugotischen, maurischen oder klassizistischen Bauten; aber allen gemeinsam ist eine üppige Ornamentik.

In den ehemaligen Fischerdörfern wie Portofino findet man idyllische kleine Häuser, doch auch hier liegen im Hafen mittlerweile pompöse Yachten. In malerisch buntem Durcheinander drängen sich die Häuschen an den Hängen über kleinen Sandstränden. Leuchtend getünchte Wände lassen die Dörfer aus der Entfernung wie ein geöffnetes Schmuckkästchen aussehen. Himbeerrosa, Korallenrot und ein schier endloses Spektrum an Gelbtönen stehen in augenfälligem Kontrast zu blassem Kobalt-, Azur- und Aquamarinblau, die die transparenten Farben des Meeres widerspiegeln.

Im Inneren dominieren kühl weiß verputzte Wände, Fußböden aus glasierten Fliesen und elegante, aber bequeme Möbel. Die Betten sind häufig mit weißem Musselin verhangen, der eine kühle Brise durchlässt, zugleich aber vor lästigen Insekten schützt. Die Bettwäsche besteht in aller Regel aus gestärktem weißem Leinen. Schlichtheit ist Trumpf, und so werden kostbare Antiquitäten oder ausgewählte zeitgenössische Möbel vor unaufdringlichem Ambiente als Einzelstücke platziert.

Die alten Römer bauten von ihrer Hauptstadt aus Straßen in jeden Teil des Reiches, so dass in der Antike buchstäblich alle Wege nach Rom führten. Entlang der Küste schlängelt sich die Via Aurelia von Südfrankreich aus zur Ewigen Stadt, deren Architektur noch heute von Ruhm, Stärke, Macht und Glanz des einstigen Weltreichs kündet. Die als Enklave im Herzen Roms gelegene Vatikanstadt zog seit alters Künstler und Gelehrte in die Region, die mit ihren Meisterwerken lebendige Zeugnisse des Glaubens schufen. Roms schon im Stadtbild beeindruckende Pracht zeigt sich sozusagen vervielfacht auch in den Interieurs, in denen die Liebe der Italiener zur Präsentation vollendet zum Ausdruck kommt.

Die süditalienische Hafenstadt Neapel ist die drittgrößte Metropole des Landes. Eine griechische Gründung aus dem 6. Jahrhundert v. Chr., war Neapel zu Zeiten der Römer blühendes Handelszentrum und im Mittelalter ein eigenständiges Königreich, bis es in spanische Hände fiel. Dieses historische Wechselspiel beeinflusste auch die Architektur der Stadt: Die Entdeckung von Pompeji und Herculaneum Mitte des 18. Jahrhunderts fand in Neapel besonderen Widerhall und bedingte eine überschwängliche Fülle klassizistischer Bauten und Interieurs.

Südlich von Neapel führt die Küstenstraße an Sorrent, Positano, Ravello und Amalfi vorbei durch einen Landstrich, den nicht nur viele Italiener für den bezauberndsten auf Erden halten. Auch hier kleben die Häuser regelrecht an den Hängen, und den Blick über die Fischerdörfer könnte man sich schöner nicht vorstellen. Terrakottakübel mit üppigen Oleandern, Geranien und subtropischen Gewächsen bringen Farbe in jede Ecke. Bougainvilleen ranken über Pergolen, deren Schatten zu ausgedehnten Mahlzeiten einlädt. Solange es das Wetter zulässt, findet das Leben hier im Freien statt – vor einer Kulisse von Häusern, deren lebhaft getünchte Fassaden allein schon von südlicher Lebensfreude zeugen.

Die Architektur Süditaliens und Siziliens verrät deutlich die Notwendigkeit, Schutz vor der sengenden Sommersonne zu bieten. Die Hauswände sind dick und die Fenster klein, damit es selbst bei größter Hitze drinnen kühl bleibt. In Apulien, am „Absatz" des italienischen Stiefels, findet man die seltsamen Trulli-Häuser, aus Kalksteinblöcken errichtete, außen wie innen weiß gekalkte Rundbauten mit winzigen Fensteröffnungen und einem kegelförmigen, ziegelgedeckten Dach.

Einer der Haupterwerbszweige der Region ist die Herstellung von Keramik, sowohl für den Tisch – in Form von Tellern, Tassen, Krügen etc. – als auch für Boden- und Wandfliesen. Dieses volkstümliche Kunsthandwerk ist seit dem Mittelalter Domäne der Italiener, und Töpferwaren mit traditionellem und modernem Dekor werden in alle Teile der Welt exportiert. In Sizilien sind mit Tausenden bunter, wunderschön gemusterter Fliesen verkleidete Räume keine Seltenheit. Die heute meist verblasste Grandeur der sizilianischen Paläste und Villen geht auf die Tage barocken Überschwangs zurück, als dieses Land zu den reichsten Europas gehörte. Sie lieferte auch den Hintergrund zu Giuseppe Tomasi di Lampedusas 1958 erschienenem Roman *Il Gattopardo (Der Leopard)*, einer eindrucksvollen Schilderung der sizilianischen Aristokratie zur Zeit Garibaldis.

Hoch überm Meer an eine Felswand geschmiegt, bietet die Villa Rufolo in Ravello einen der spektakulärsten Ausblicke an diesem Küstenstrich. Dicht bewaldet fallen die Hänge steil zur See hin ab. In den winzigen Buchten liegen vereinzelte Sandstrände, und viele der pittoresken kleinen Fischerdörfer sind zu schicken Ferienorten mutiert.

MERKMALE DES ITALIENISCHEN WOHNSTILS

Italienische Wohnräume sind häufig wunderschön proportioniert: Ihre Höhe und Größe, der Grundriss, die Türen und Fenster, der Kamin – alles ist auf größtmögliche Harmonie und Ausgewogenheit ausgerichtet. Ähnliche Sorgfalt wird auch der Ausstattung der Räume zuteil. Möbel und Bilder sind stets so platziert, dass sie das Ebenmaß unterstreichen. Gerne werden identische Stücke symmetrisch arrangiert. Doch Harmonie ist auch ohne paarweise Anordnung erreichbar, bisweilen sogar durch gänzlich verschiedene, aber gleich gewichtete Stücke – etwa wenn eine Reihe kleinerer Objekte einem einzigen, massiven Möbel gegenübergestellt sind. Italiener scheinen diese Kunst instinktiv zu beherrschen; schließlich geht ihre Kultur auf die römische Antike zurück, ein Erbe, das zu Geschmack und Stil verpflichtet.

Die eleganten Proportionen dieses Raumes werden durch das ausgewogene Arrangement der Möbelstücke unterstrichen, die paarweise rechts und links des Sofas platziert sind. Durch hohe Fenster flutendes Licht fängt sich im venezianischen Kronleuchter (18. Jahrhundert).

WÄNDE

In den meisten italienischen Häusern sind die Wände schlicht weiß gehalten, damit sie das Licht reflektieren und einen unauffälligen Hintergrund für die dunklen Holzmöbel und die Terrakottaböden bilden – zwei weitere Hauptelemente des italienischen Landhausstils. Doch sind gerade die Italiener auch für ihre Liebe zum Extravaganten bekannt, und in historischen Interieurs ist oft keine Stelle frei von Stuckverzierungen, Mustern oder Farbe.

Seit der Renaissance, als das Interesse am klassischen Altertum neu erwachte (S. 11), erfreuen sich Fresko- und Trompe-l'œil-Malereien größter Beliebtheit. Generationen von Künstlern haben altrömische Vorlagen kopiert und eigene Techniken für Trompe-l'œil-Gemälde und Fresken entwickelt. Scheinarchitektur, illusionistische Landschaften und Gartenszenen, Pseudomarmor, -friese und -skulpturen schmücken die Wände und vermitteln die Opulenz extravaganter Materialien, jedoch ohne deren hohe Kosten.

Italienische Kunsthandwerker malen Marmorierungen noch heute mit solchem Geschick, dass man schon nahe herangehen muss, um den Unterschied zu bemerken. In manchen Fällen wird eine naturnahe Imitation der Originalmaterialien gar nicht angestrebt; dennoch gelingt es, das Wesen des Marmors auch ohne exakte Wiedergabe einzufangen. Diese Technik wird häufig für Wandsockel sowie Tür- und Fenstereinfassungen verwendet. Bisweilen scheint die Decke eines Raumes von marmornen Trompe-l'œil-Säulen getragen, zwischen denen gemalte pastorale Szenen oder Gartenlandschaften weite Ausblicke vortäuschen und den trügerischen Eindruck vermitteln, mitten in der Stadt zugleich auf dem Lande zu weilen.

Trompe-l'œil-Techniken werden auch dazu benutzt, schmucklose Räume durch aufgemalte Stuckdekorationen architektonisch aufzuwerten. Das Spektrum reicht von simplen Ausführungen, etwa waagerechten Linien mit unterschiedlicher Farbintensität, die das Profil der Stuckleiste und den Lichteinfall andeuten, bis hin zu komplizierten Techniken, mit denen stark profilierte und reich verzierte Friese vorgetäuscht werden. Wandfelder sind, je nach Stil des Raumes, mit der emphatischen Formensprache des Barock, mit Rokokoschnörkeln oder mit Motiven von klassizistischer Nüchternheit ausgemalt.

Nicht immer sollen Wandmalereien das Auge täuschen. Manchmal sind sie einfach als ein Blickfang konzipiert, der von der italienischen Vorliebe fürs Theatralische zeugt. So schmücken etwa die Wände in der korridorartigen Eingangshalle der Villa Bianchi-Bandinelli bei Siena Malereien ländlicher Feste, die mit solch ansteckender Fröhlichkeit und Dynamik gestaltet sind, dass der Betrachter Lust bekommt, sich selbst unter die Feiernden zu mischen (S. 52–53). Sie sind nicht als Trompe-l'œil gedacht, sondern einzig als Huldigung an die Freuden des Landlebens.

Eine weniger extravagante, aber dennoch effektvolle Wirkung erzielt man mit Schabloniertechniken. Besonders nachhaltig ist der Eindruck bei Motivwiederholungen, zu bestaunen etwa im Palazzo Davanzati in Florenz, wo die Wände mit Rautenmustern und anderen sich wiederholenden Dessins geschmückt sind, die fast wie eine Tapete wirken. Schablonierte Bordüren und Schmuckleisten wirken kostbarer, wenn sie von Hand nachbearbeitet wurden.

Trotz dieser Liebe zur extravaganten Ausstattung findet man in Italien auch Häuser mit gänzlich undekorierten Wänden, bei denen sogar auf Putz und Anstrich verzichtet wurde. Naturbelassener Stein kann ebenso bewusstes Statement sein wie eine kunstvoll bemalte Wand und auf eine Ablehnung eleganter Raffinesse hinweisen beziehungsweise dem Wunsch Ausdruck verleihen, zum Naturalismus schlichter, ländlicher Lebensart zurückzukehren.

Verfeinerter wirkt der rustikale Realismus in Verbindung mit weißem Rauputz oder Stuck. Dies ist die häufigste Art der Wandgestaltung in Italien. Stuck besteht aus einem Gemisch aus Gips, Sand und Kalkmörtel, wobei das Finish von der Qualität des Sandes abhängt – je feiner dieser, desto glatter die Oberfläche. Diese Wanddekoration harmoniert weitaus besser mit dem derzeitigen Trend zum Minimalismus als der reiche Schmuck älterer, historischer Gebäude. Mitunter bewusst puristische Wahl, sind glatt weiß verputzte Wände in der Regel eher eine kostengünstige Verlegenheitslösung. Immer jedoch bilden sie einen passenden und geschmackvollen, weil schlichten Hintergrund für Möbel und Bilder.

Die Wände dieses Raumes in einem umbrischen Landhaus sind mit einem herrlichen Fresko (19. Jahrhundert) verziert. Es zeigt schwer fallende Draperien, die hochgezogen den Blick auf eine imaginäre Straßenszene freigeben. Durch das massive Aussehen des Wandsockels aus Trompe-l'œil-Mauerwerk und Pseudomarmor wird die räumliche Wirkung des Bildes noch verstärkt. Das Fresko setzt sich an den anderen Wänden fort (S. 115).

Ein typisch italienisches Element der Wanddekoration ist die etwa 25 Zentimeter hohe, aufgemalte Fußleiste, die, den Übergang zwischen Wand und Fußboden markierend, um den ganzen Raum herumläuft. Meist ist sie mittelgrau und dient so zugleich dem praktischen Zweck, hässliche Stoßstellen zu verbergen, die man auf einer weißen Wand sofort sehen würde.

Weniger häufig als weiße findet man farbig getünchte Wände, am ehesten noch in Häusern am Meer oder auf dem Land. Die Farbe wird entweder dem feuchten Putz beigemischt, oder es wird eine abgetönte Tünche auf den Putz aufgebracht. Denselben Zweck erfüllt stark verdünnte Malerfarbe, die, mit großzügigen Pinselstrichen aufgetragen, der Wandfläche eine interessante Textur verleiht. Zum Abtönen dient meist Pigmentpulver, das sich jeder gewünschten Basis beimischen lässt. Ein besonders natürlicher Effekt entsteht, wenn dem Putzmörtel beim Anrühren eine Hand voll Erde beigegeben wird, die den Wänden eine Andeutung von warmem Terrakotta oder Ocker verleiht.

Für einen eleganteren Verputz, auch als *stucco lustro* bezeichnet, wird eine relativ dünnflüssige Mischung aus Gips, Kalk und Sand in mehreren Schichten aufgetragen und zuletzt mit Bienenwachs poliert, was ihm herrlichen Lüster verleiht. *Calce rosata*, in hauchdünnen Lagen über die Wand verteilt und mit Milch zu einer hochglänzenden Oberfläche geglättet, weist kleine graue Sprenkel auf und wirkt weniger streng.

Kunstvolle Stuckarbeiten zieren Wände und Decken historischer Räumlichkeiten. Oft setzt sich das Motiv der Wände auf der Decke fort, und das gesamte Design wird als untrennbares Ganzes begriffen. Italienische *stuccatori*, Meister kunstvoller Reliefarbeiten aus Stuckgips, waren in ganz Europa berühmt, und viele bereisten den Kontinent, um Aufträge zahlungskräftiger Bauherren auszuführen. Natürlich unterschieden sie sich sehr in ihren Fertigkeiten: Während die künstlerisch plastische Gestaltung in den großen Palästen eine Finesse ohnegleichen erreichte, war sie in einfacheren Villen und Jagdhäusern sowohl vom Entwurf als auch von der Ausführung her gröber und weniger elaboriert. In den opulentesten Arbeiten sind ganze Figurengruppen aus Stuck ausgeführt und so arrangiert, dass sie die Decke zu tragen scheinen oder sich in Ziergiebeln über Türen und Fenstern räkeln.

Zuweilen sind die Wände italienischer Innenräume auch mit Wandteppichen, Behängen aus zartem Seidengewebe oder Tapeten dekoriert. Die kostbarsten Gobelins wurden aus Flandern oder Frankreich importiert, doch bereits im 16. Jahrhundert ließen sich flämische Weber in Italien nieder und fertigten in Ferrara, Florenz und Mantua edle Bildteppiche. Im Jahr 1627 wurde in Rom die Barberini-Werkstatt gegründet, die Wandbehänge für den Vatikan sowie die Paläste der Barberini fertigte, und 1731 begann man dann in Turin mit der Herstellung kunstvoller Gobelins für das Haus Savoyen. Meist standen biblische oder mythologische Szenen Pate für die Motive, doch auch illustre historische Ereignisse wurden auf diesem Wege unsterblich gemacht.

In zahlreichen prächtigen Palazzi, deren Ausstattung (wie beim Palazzo Pallavicini in Rom) aus dem 18. Jahrhundert stammt, sind die Wände der Repräsentationsräume mit leuchtend gefärbter Seide bespannt. Die schimmernden Stoffbahnen lassen die Räume luxuriös, zugleich aber auch schlicht erscheinen, da die flächige Wirkung des edlen Materials einzig durch die Webstruktur und Lichtreflexe gebrochen wird.

Papiertapeten, in der Regel weniger prunkvoll als eine Stoff- oder Lederbespannung, findet man am häufigsten in Häusern, die im 19. Jahrhundert errichtet oder renoviert wurden. Ende des 18. Jahrhunderts aus Frankreich eingeführt, verliehen sie Räumen eine zarte Eleganz. Später gefertigte Tapeten wiesen kräftigere Schnörkel oder Damastmuster auf, da sie die kostbare venezianische Seide imitieren sollten, mit der die Wände der Palazzi bespannt wurden. Entsprechend sollten bedruckte Tapeten in Lederoptik teures spanisches Leder vortäuschen. Die Vorliebe der Italiener für Trompe-l'œil-Effekte begründete den unglaublichen Erfolg des französischen Tapetenfabrikanten Zuber. Nicht selten erkennt man erst bei näherem Hinsehen, dass scheinbar mit üppigen, borten- und quastenverzierten Draperien verhängte Wände in Wahrheit nur mit einer kunstvollen Papiertapete dekoriert sind.

Allein schon Prunk und Ausmaß ihrer Raumausstattung machen deutlich, dass die Italiener keine Do-it-yourself-Enthusiasten sein können. Deshalb findet man in jeder größeren Ortschaft zahlreiche qualifizierte Fachleute, die die traditionellen Handwerkskünste beherrschen und die Wände nach dem individuellen Geschmack dekorieren; darüber hinaus sind sie auch versierte Restauratoren.

Bei den Restaurierungsarbeiten an diesem toskanischen Bauernhaus verwandten die neuen Eigentümer viel Mühe darauf, die ursprüngliche Atmosphäre zu bewahren. Die Wände sind mit einer Mischung aus Kreide und Sand verputzt, der Erde vom eigenen Grundstück hinzugefügt wurde.

Die Wandgestaltung italienischer Häuser reicht von schlicht weißem Putz oder farbiger Tünche über die polierten Oberflächen von *stucco lustro* und *marmorino* bis hin zu illusionistischen Fresken und Trompe-l'œil-Malereien. Meist werden kunstfertige Handwerker und Dekorateure beauftragt, die dabei generationenalte, oft nur mündlich überlieferte Techniken anwenden. Effekte wie die einfache Trompe-l'œil-Kassette rechts können einer Wand Tiefe und Charakter verleihen. Sie lassen sich schnell und ohne besonderen Aufwand ausführen, während bei anderen größere Fertigkeiten und mehr Zeit vonnöten sind. Tapeten und Gobelins stellen für jeden Raum eine optische Bereicherung dar. Plastische Stuckarbeiten setzen dekorative Akzente und unterteilen große Wandflächen.

DECKEN

Die künstlerische Gestaltung von Decken ist heute nahezu in Vergessenheit geraten: Moderne Wohnungen haben meist weiß gestrichene Zimmerdecken. In Italien jedoch bildet die Decke noch immer einen wesentlichen Bestandteil der Gesamtausstattung. Diese Tradition geht zurück auf die großen italienischen Meister, die die Palazzi ihrer Auftraggeber und Mäzene mit herrlichen Fresken ausschmückten. Sie wirkte sich aber auch auf weit weniger prächtige Bauten wie Land- oder Jagdhäuser aus, bei denen die Decken mit Wölkchen, blütenumrankten Spalieren oder Trompe-l'œil-Dekorationen bemalt sind, die den Raum nach oben öffnen oder abschließen. Bisweilen beleben neckische Putti oder bunt kostümierte Personen die Szene. Es ist ungewohnt, aber höchst unterhaltsam, in einem Zimmer aufzuwachen, an dessen Decke sich vergnügte Wesen tummeln.

Die Decken in Renaissance-Palästen haben häufig sichtbares Gebälk: mächtige Holzbalken, die die gesamte Breite des Raumes überspannen und mit freihändig ausgeführten Malereien oder Schablonenmustern sowie jeder Menge Blattgold geschmückt sind. Ihre bautechnische Funktion wird vielfach durch Querbalken maskiert, wodurch Kassettendecken entstehen, die oft mit kunstvollen Schnitzarbeiten verschönert sind.

In ländlicherem Ambiente bleiben die Balken meist unverziert, und ihre stützende Funktion ist deutlich sichtbar. Weiß getünchtes Balkenwerk lässt den Raum höher und heller wirken, häufiger jedoch begegnet man traditionellen Terrakottatönen oder dunklen Naturhölzern. Die edelsten Balken bestehen aus Kastanienholz, weshalb bei Renovierungsarbeiten (aus Kostengründen) verwendete Fichte meist im warmen Rotbraun dieser Holzart gebeizt wird.

Diese Decke eines Speisezimmers (gegenüber) ist mit zarten Palmetten in Schablonenmalerei verziert. Das aus der griechischen Antike stammende Motiv wurde von den Römern aufgegriffen und findet sich heute in vielen Formen überall in Italien. Das klassische Altertum lebt auch in dem Fries (rechts oben) fort, der ein freskengeschmücktes Deckengewölbe abschließt.

In italienischen Häusern sind häufig die Deckenbalken sichtbar. Manchmal bleibt das schöne Kastanienholz naturbelassen (rechts), manchmal wird es verziert oder getüncht (rechts, Hintergrund).

FUSSBÖDEN

Wunderschöne Böden sind ein integraler Bestandteil jedes italienischen Interieurs. Während man Terrakottafliesen überall antrifft, findet in Küchen und Bädern – vor allem im Süden des Landes – meist glasierte Keramik Verwendung.

Marmorböden haben oft kunstvolle Intarsienmuster. Das breite Farbspektrum dieses Steins – von Schwarz und Dunkelgrün über Rostrot, Terrakotta, Ocker- und Safrangelb bis zu Zartrosa, Blassgelb, Silbergrau und Milchweiß, dazu alle erdenklichen Zwischentöne und die Farbabstufungen der feinen oder breiten Bänder, Adern und Flecken – verleiht diesem herrlichen Material seinen hochwertigen Charakter. Für einen solch kostbaren Boden wird verschiedenfarbiger Marmor in Formen geschnitten und so eingepasst, dass eine unauffällig verfugte, völlig glatte Oberfläche entsteht. Das Muster kann dem Stil der Wand- oder Deckendekoration angepasst sein, es kann geometrische Wiederholungsmuster zeigen, aber auch verschlungene Schnörkel im Stil des Barock.

Italien ist die Heimat einer bedeutenden Marmorindustrie, und italienischer Marmor wird in alle Welt versandt. Der reinste, weißeste Marmor stammt aus den Marmorbrüchen von Carrara unweit von Pisa, woher Bildhauer von Michelangelo bis Henry Moore makellose Steinblöcke für ihre unsterblichen Kunstwerke bezogen. Zeitgenössische Architekten schätzen Marmor wegen seiner schlichten Eleganz und setzen ihn ebenso gerne als Wandverkleidung wie für Fußböden ein. In neueren Wohnungen, Häusern und Geschäftsräumen wird zumeist heller Travertin (Kalktuff) verlegt, der wunderschön und zugleich sehr zweckmäßig ist.

Marmor ist auch Bestandteil von Terrazzo. Für diesen widerstandsfähigen, attraktiven Bodenbelag, der aber meist nicht die Schönheit eines echten Marmorbodens erreicht, wird ein mit Marmorsplittern und anderen farbigen Steinkörnungen vermischter Zementestrich aufgebracht, gewalzt und nach dem Erhärten geschliffen und poliert. In sehr alten Interieurs wurden bisweilen Bruchstücke von Halbedelsteinen wie Lapislazuli oder Malachit hinzugefügt. Heute gibt es Terrazzo auch als Fliesen. Ein Terrazzoboden kann einheitlich oder mit beliebigen Mustern gestaltet werden. Manche Familien ließen beispielsweise ihr Wappen in verschiedenen Schattierungen legen. Terrazzo wirkt schwer und massiv wie Marmor, ist in Wirklichkeit jedoch recht flexibel.

Auch Keramikfliesen eignen sich als widerstandsfähiger Bodenbelag. Leuchtend bunte, gemusterte Fliesen sind überall in Italien zu finden, vor allem jedoch südlich von Rom, in Neapel und auf Sizilien. Das Kolorit ist bestechend – kräftige, klare Pigmente unter einer hochglänzenden Glasur aus geschmolzenem Glas, die die Farben zum Leuchten bringt. Die zahlreichen Muster gehen auf unterschiedlichste Quellen zurück – orientalische Ornamente, die Natur, altrömische Vorlagen, volkstümliche Motive, geometrische Kompositionen und abstrakte Formen. Die Fliesen kommen auf Böden und Wänden im ganzen Haus zum Einsatz. Sehr schön sind handgefertigte Fliesen: Ihre Oberfläche weist geringe Unebenheiten auf, was sie – vor allem nach dem Brennen, wenn die Glasur zu unterschiedlicher Dicke schmilzt – leicht gesprenkelt aussehen lässt.

Mosaiken – aus kleinen Stücken von buntem Glas, farbigem Naturstein oder gefärbtem oder glasiertem Ton in einem Mörtelbett zusammengesetzt – gab es bereits im alten Ägypten. Die Römer schmückten damit Böden und Wände; eine Blütezeit erlebte die Mosaikkunst dann im ausgehenden 16. Jahrhundert mit den monumentalen Arbeiten in der Peterskirche in Rom. Heute findet man Mosaiken hauptsächlich in italienischen Badezimmern und bei Swimmingpools.

Wenn es eine Farbe gibt, die das italienische Lebensgefühl einfängt, dann ist es Terrakotta. Terrakottafliesen bestehen aus bei niedriger Temperatur gebranntem, unglasiertem Ton (daher der Name: „gebrannte Erde“). Die Herstellung der Fliesen und Ziegel geht auf die Etrusker zurück. Ihre Farbe variiert je nach der Region, aus der der Ton stammt, und hängt auch vom Brennen ab. Bei sehr großer Hitze entsteht ein goldbrauner Ton, in einem kühleren Ofen das charakteristische kräftige Rotbraun. Auch das Alter spielt eine Rolle; so sind sehr alte Dachziegel von der Sonne gebleicht. Ihrer Patina und unregelmäßigen Form wegen sind sie sehr gesucht, wenn alte Bauernhäuser renoviert werden sollen.

Da Terrakotta seit alters zu den gängigsten Bodenbelägen gehört, haben sich ungezählte Dekorationsstile und -muster entwickelt. So ist es möglich, sowohl ganz schlichte Formen als auch Dessins von einer gewissen Komplexität zu verlegen. Häufig umrahmt ein schmuckloser, zwei Fliesen breiter Rand ein interessanteres Muster, etwa Fischgrät. Auf Hochglanz poliert, bildet der warme Farbton eines solchen Bodens eine vielseitige und widerstandsfähige Grundlage für die restliche Ausstattung des Raumes.

Holzböden sieht man in Italien relativ selten. Diese wenigen freilich sind hochwertig, gepflegt und hervorragend erhalten. Es gibt breite Dielen aus Kastanienholz, schlicht, aber edel einfach nebeneinander verlegt und im Laufe der Jahre unter liebevoller Pflege zu einem wunderschönen, tiefen Umbrabraun gereift, aber auch helleres Parkett in verschiedenen Mustern. Holzfußböden verströmen einen ganz eigenen Geruch und knarren beim Betreten leise. Sie werden gerne mit Orientteppichen belegt, die sich in Italien großer Beliebtheit erfreuen, seit venezianische und Genueser Kaufleute im Mittelalter die ersten Exemplare aus Persien mit zurückbrachten. Eine preiswerte und praktische Alternative sind Binsenmatten, denen man häufig in Bauernhäusern begegnet. Teppichboden hat sich in Italien bis heute nicht durchsetzen können. Möglicherweise findet man Auslegware im Schlafzimmer einer Neubauwohnung, doch die meisten Italiener wissen das stilvolle Ambiente zu schätzen, das allein ein schöner Boden vermittelt, der mit einigen wenigen kostbaren Teppichen bedeckt ist.

DIESE SEITE UND HINTERGRUND Stilvolle gemusterte Bodenbeläge aus unterschiedlichen Materialien: Terrazzo (Hintergrund); glasierte und unglasierte Fliesen (rechts oben); Marmor in mehreren Farben (rechts).

NACHFOLGENDE DOPPELSEITE LINKS Terrakottafliesen aus gebranntem Ton sind der in Italien gängigste Bodenbelag. Diese alten, handgefertigten Fliesen sind in einem Fischgrätmuster verlegt, durch das die subtilen Farbunterschiede besonders schön zur Geltung kommen.

NACHFOLGENDE DOPPELSEITE RECHTS Für den Fußboden des Ridotto in Venedig wurde farbiger Marmor zu geometrischen Formen geschnitten und in einem Trompe-l'œil-Muster verlegt.

STOFFE

Edle italienische Stoffe sind in aller Welt geschätzt. Schimmernde Seide, schwerer Samt, handgewebter Brokat, grob gehäkelte oder filigrane Spitze sowie blütenweißes Leinen verleihen italienischen Interieurs ganz nach Belieben traditionell-rustikales Wohngefühl oder vornehme Eleganz.

Am nachhaltigsten hat wohl Seidendamast, der heute genauso gefragt ist wie je, die Mode geprägt. Das eingewebte Muster reflektiert das Licht unterschiedlich, so dass sich ein Wechsel von glänzenden und matten Schattierungen ein und derselben Farbe ergibt und eine lebhaft wirkende Oberfläche entsteht. Vor allem weinrote, tannengrüne und goldgelbe Seide bestechen durch ihre Opulenz und Pracht. Früher wurde kostbarer Seidendamast auch gerne als Wandbespannung für Repräsentationsräume verwendet (S. 34), wobei vor der Wand platzierte Sitzmöbel oft mit dem gleichen Stoff bezogen waren, damit sich ein einheitliches Bild ergab.

Derart hochwertige Seide war schon immer ein Luxus, und so gab und gibt es viele Bestrebungen, eine vergleichbar edle Wirkung auf billigerem Wege zu erzielen. Man verwendet Kunstfasern oder Baumwolle anstelle von Seide, und häufig ist das Damastmotiv aufgedruckt anstatt eingewebt. Eine der erfolgreichsten Imitationen gelang in den zwanziger Jahren dem Venezianer Mario Fortuny, der ein bis heute geheim gehaltenes Druckverfahren für den schimmernden Damasteffekt entwickelte. Seine Stoffe, in Venedig, London und New York erhältlich, haben mittlerweile selbst Kultstatus und ein entsprechendes Preisniveau erlangt.

Die Seidenweber Norditaliens haben ihre Kunst im Laufe der Jahrhunderte perfektioniert. Sie kopieren heute historische Vorlagen, realisieren aber auch zeitgenössische Entwürfe. Beides erfreut sich immenser Beliebtheit, denn neben den Eigentümern historischer Häuser, die Wert auf größtmögliche Authentizität der Interieurs legen, wächst auch die Zahl der Stadtmenschen mit einem Faible für exklusive moderne Ausstattung. Dass es den italienischen Designern nicht an Einfällen mangelt, erkennt man an ihren Textilentwürfen nicht weniger als an ihren Möbeln. Ergebnis ihrer Experimentierfreude sind aufregende neue Webarten und -muster, interessante Strukturen und ungewohnter Materialmix.

Schwerer Samt in brillanten Farben, kunstvolle Gobelingewebe und Stoffe mit traditionellen Bargellomustern finden als Bezugsmaterial für Sofas, Stühle und Kissen Verwendung, da sie relativ strapazierfähig sind, zugleich aber das Gefühl von Luxus vermitteln. Ursprünglich wurde der besonders edle schwere Samt mit seinen satten Farben aus Seidengarnen gefertigt; heute versucht man eine vergleichbare Optik mit Baumwolle, aber auch mit Chemiefasern zu erreichen.

Während man als Bezugsmaterial für Polstermöbel gern ausgefallen bedruckte und strukturierte Stoffe verwendet, sind extravagante Vorhangarrangements in Italien weitaus seltener als im restlichen Europa. Wegen der heißen Sommersonne haben nahezu alle Fenster Holzläden, die im Winter auch als Kälteschutz dienen und Vorhänge praktisch überflüssig machen. Es ist ein wesentliches Merkmal des italienischen Wohnstils, dass sich das Interesse auf Wände, Decken, Böden und Mobiliar konzentriert, während die Fenster als Teil der Architektur gelten und somit im Grunde keiner eigenen dekorativen Ausschmückung bedürfen. Gelegentlich bilden leichte Musselin- oder Leinenvorhänge eine Ausnahme zu dieser Regel, oder Segeltuchrollos werden als Sonnenschutz herabgezogen, aber es gibt keine verspielten Kinkerlitzchen.

Lediglich ganz im Norden Italiens, in der Alpenregion, wo der Einfluss Österreichs und der Schweiz überwiegt, zieren Spitzenvorhänge die Fenster. Spitze, auch als Besatz für Bett- und Tischwäsche geschätzt, ist eine Spezialität der Lombardei, in der diese uralte Handwerkskunst eine lange Tradition hat. Hier sieht man wunderschöne alte oder neue Spitzen als Bettüberwurf oder Kissenbezüge. Wird eine Spitzendecke über weißes Baumwollgewebe gebreitet, entsteht eine interessante Struktur, die an Eiskristalle oder eine Zuckergussglasur erinnert. Ganz anders die Wirkung, wenn der darunter befindliche Stoff farbig ist und das Spitzenmuster dadurch mehr ins Auge springt. Einen ähnlichen Kontrast ergibt eine weiße Spitzendecke auf einem dunklen Holztisch.

Auch Leinen kommt in italienischen Schlaf- und Speisezimmern häufig zum Einsatz, und es gehört zum guten Ton, stets beste Qualität zu wählen. Frische Servietten, schwer fallende Tischdecken und schneeweiße Bettwäsche werden mit liebevoller Sorgfalt gewaschen und gebügelt, so dass sie viele Jahre halten. Bevorzugte Farbe dieser Accessoires ist Weiß, dessen schlichte Reinheit einen ruhenden Gegenpol zu dem oft farbkräftigen Ambiente bildet.

Italienische Stoffe sind ihrer satten Farben, sinnlichen Textur und kunstvollen Dessins wegen in aller Welt geschätzt. Seit Jahrhunderten stellt man in Italien wunderschönen Seidendamast her, und seit den zwanziger Jahren werden dessen Muster nach Mario Fortunys Geheimverfahren auf Baumwolle nachgedruckt. Schwerer Samt gewinnt durch applizierte Litzen oder Borten zusätzliche Opulenz, und Posamenten wie Quasten, Kordeln und Rosetten verleihen seidenbezogenen Polstermöbeln vollendete Eleganz.

Italiener trennen sich nur sehr schwer von Erbstücken, und so birgt ein Haus, das mehrere Generationen beherbergt hat, häufig Möbel unterschiedlichster Stilrichtungen. Allerdings ist es überhaupt selten, einen Raum zu finden, der mit Antiquitäten einer einzigen Periode möbliert ist, es sei denn in Museen. Meist steht in Wohnungen eine eher bunte Mischung an Mobiliar.

In Italien ist der Stil zudem stark regional bedingt, denn das Möbeldesign unterscheidet sich fast ebenso sehr nach Regionen wie nach Stilperioden. Im Norden, vor allem im Alpenraum, haben österreichische Einflüsse einen Stil hervorgebracht, der als *arte povera* bekannt ist. Zu ihm gehören einfache, in leuchtenden Farben gestrichene Holzmöbel, die mit floralen Motiven bemalt sind, wie man sie aus der internationalen Volkskunst kennt. Solche Stücke wirken sehr lebhaft und passen gut in schlichte, rustikale Räume.

Etwas weiter südlich, in der Lombardei, findet man sehr viel Schmiedeeisen. Spanische Kunstschmiede brachten vermutlich im 16. Jahrhundert ihr Handwerk in diese Region. Eisen ist ein überraschend vielseitiges Material, aus dem sich verschnörkelte Geländer von Prunktreppen ebenso gestalten lassen wie filigrane Wandleuchter. Häufig sind auch die Beine von Tischen mit Holz- oder Marmorplatte aus Guss- oder Schmiedeeisen gefertigt.

Am weitesten verbreitet ist Schmiedeeisen in Italien jedoch vermutlich in Form von Bettgestellen. Das traditionelle *letto matrimoniale* (Ehebett) steht auf hohen Eisenfüßen; Kopf- und Fußteil weisen kunstvolle schmiedeeiserne Ranken auf. Manchmal ist in die Mitte des Kopfteils ein Medaillon eingearbeitet, das mit einer Schäferszene, einem Blumenmotiv oder dem Familienwappen des Besitzers bemalt ist. Seine Wetterfestigkeit wie sein Dekorationswert machen Schmiedeeisen auch zu einem idealen Material für Gartenmöbel. Da es jedoch nicht sonderlich bequem ist, werden in aller Regel prall gefüllte, einladende Kissen und Polster aufgelegt, um die Stunden, die man draußen beim Essen oder mit Ausruhen verbringt, komfortabler und gemütlicher zu gestalten.

Die Italiener haben ein großes Talent für die stil- und wirkungsvolle Präsentation. Sie verstehen es, dekorative Gegenstände so zu arrangieren, dass sie unmittelbar die Aufmerksamkeit auf sich ziehen. Dies geschieht beispielsweise dadurch, dass mehrere ähnliche Stücke – etwa aus Silber oder Kristall – dicht beieinander stehend gruppiert werden. Auch das Gegenteil wirkt jedoch als Blickfang, also die Kombination völlig unterschiedlicher Objekte, die einander ergänzen. Vollendet durchdacht und ausgeführt, ergibt sich so ein dreidimensionales Stillleben.

Große Bedeutung für den harmonischen Gesamteindruck eines Raumes kommt auch der Wahl von Bildern und deren Platzierung zu. Gleichgültig ob unschätzbare Werke eines italienischen Meisters, über viele Generationen hinweg in Familienbesitz, oder preiswerte Drucke und Stiche aus einem Antiquitätengeschäft oder vom Flohmarkt – stets sind sie mit sicherem Gespür für Symmetrie und Ausgewogenheit aufgehängt: Familienporträts paarweise nebeneinander; ein großrahmiges, bedeutendes Ölgemälde zentral an einer Wand mit Sitzmöbeln als Gegengewicht; eine Reihe von Grafiken gemeinsam gruppiert zur Verstärkung des optischen Eindrucks.

Die Frage der Beleuchtung ist ein weiteres faszinierendes Thema, denn es hat den Anschein, dass viele Italiener den größten Teil der Zeit in eher düsteren Innenräumen zubringen. So bleiben wegen der Hitze nicht nur tagsüber die Läden geschlossen, auch abends werden nur wenige Lichter angezündet (was freilich mit den hohen Stromkosten zu tun haben könnte). Einmal eingeschaltet, können italienische Lampen aber sehr stimmungsvoll aussehen. Einige der schönsten dienten einstmals als Kerzenleuchter und wurden nachträglich elektrifiziert. Sie sind herrlich geschnitzt und oft vergoldet. Wandleuchten tragen häufig Halbschirme, die mit einem dekorativen Muster oder Motiv geschmückt sind.

Das Mobiliar einiger Stilrichtungen wird mit bestimmten italienischen Großstädten in Verbindung gebracht. So sind schwere, dunkle Holzmöbel typisch für Florenz, während das Neapel des 18. Jahrhunderts für die Pracht seiner vergoldeten Konsol- oder Wandtische und Stühle berühmt ist. Venezianische Möbel wurden gern mit Schnitzwerk und üppiger Vergoldung verziert, Sitzmöbel mit kostbaren Seidenstoffen bezogen. Prächtige Konsoltische mit dazugehörigen, identisch gearbeiteten und gleichermaßen goldüberzogenen großen Wandspiegeln rundeten das Bild ab.

Venezianische Lackmöbel sind auf den ersten Blick erkennbar und zählten im 18. Jahrhundert zu den begehrtesten Stücken. Ihre Herstellung war sehr kompliziert, zeit- und kostenaufwendig, und so sorgte schon der hohe Anschaffungspreis dafür, dass billigere

Kopien auf den Markt kamen. Anstelle einer kunstvoll gemalten Dekoration und dem sorgfältigen Auftrag mehrerer Lackschichten klebten die Imitatoren kleine ausgeschnittene Motive auf und pinselten so viele Lagen Klarlack darüber, dass die Kanten des Papiers verschwanden und das Möbel wie eine kostbare Lackarbeit aussah. Heute erfreuen sich auch diese hübschen Arbeiten großer Nachfrage, und das Verfahren wird nach wie vor angewandt.

Das dunkle Holz der toskanischen Möbel fügt sich stilvoll in die ländliche Umgebung ein. Besonders gesucht sind original alte Stücke, vor allem die tiefen, reich geschnitzten Truhen, in denen während der Sommermonate Kleidung und Decken aufbewahrt wurden. Schränke und Anrichten weisen eine Massivität auf, die wunderbar mit den Terrakottaböden, weiß getünchten Wänden und dunklen Holzbalken der bäuerlichen Häuser harmoniert.

Schmucklose, geradlehnige Stühle mit Flechtsitz sind typisch für diese Region; edlere Sitzmöbel präsentieren sich ähnlich, haben jedoch gepolsterte Rückenlehnen und Sitzflächen. Hohe Preise auf dem Antiquitätenmarkt erzielen echte Savonarola- und Dante-Klappstühle. Häufig steht im *salone* ein schmiedeeisernes Tagbett mit adrett gestreiftem oder kariertem Bezug. Landhäuser sind relativ sparsam möbliert, ohne überflüssigen Zierrat, Dekokissen und Ornamentik. Hier kommt das Gefühl der Weiträumigkeit, das alle italienische Interieurs kennzeichnet, besonders klar zum Ausdruck.

RECHTS Im Laufe der Jahrzehnte ist die Farbe auf diesem schön bemalten Schrank teilweise abgeblättert, und man erkennt die Holzmaserung. Sämtliche Elemente des Motivs – Akanthusblätter, Raute, Perlschnüre, die beiden Vögel mit Blattranken im Schnabel und das zu einer lockeren Schleife verknüpfte Band – sind altrömischen Wandmalereien abgeschaut.

NACHFOLGENDE DOPPELSEITE LINKS Aus Anlass einer Heirat zwischen zwei Sieneser Adelsfamilien wurde dieser Raum um 1780 mit aus Paris importierten Tapeten in einem seltenen, frühen Säulen-und-Bogen-Muster ausgestattet. Stuhl und Tisch greifen das Motiv in einer für venezianische Möbel dieser Zeit typischen Art und Weise auf.

NACHFOLGENDE DOPPELSEITE RECHTS Zwei Marmorskulpturen, ursprünglich Gartendekorationen aus dem Veneto, im sanftrosa Licht der Abendsonne. Der Spiegel (18. Jahrhundert) stammt aus Murano, der Wandtisch ist zwar neu, aber im venezianischen Stil gefertigt, mit vergoldeten Beinen und einer Platte mit Marmorimitation.

Diese Seite Die mit zahlreichen Ziernägeln bestückte Tür wirkt trutzig und abweisend; sie harmoniert im Stil jedoch hervorragend mit der grob geschnitzten *cassone* (Truhe), in der heute Tisch- und Bettwäsche aufbewahrt werden.

Gegenüber Identische Armlehnstühle (frühes 18. Jahrhundert) flankieren eine mit bemalten und vergoldeten Gesso-Ornamenten reich verzierte *cassone*. Über der Truhe hängt ein flämischer Bildteppich (16. Jahrhundert), der die Geschichte von Pomona und Vertumnus erzählt. Vertumnus, der Gott des Jahreszeitenwechsels und des Fruchtsegens, liebte Pomona, die schöne Nymphe der Gärten und Obstbäume, und nahm, um ihr Herz zu gewinnen, vielerlei Gestalten an – auch die eines schönen Jünglings, dem sie schließlich ihr Herz schenkte.

ORZO.TEDES

BENVENUTO

Eingang, Diele und Treppe

Der Eingangsbereich eines Hauses weist gewöhnlich ein oder mehrere architektonische Schmuckelemente auf – einen Vorbau, einen Architrav oder ein Giebelfeld, einen niedrigen Treppenaufgang, einen kleinen Vorgarten oder einen kurzen, geraden Weg. Sie unterstreichen seine Bedeutung und heißen den Besucher willkommen. Welcher Art diese Elemente auch sein mögen, meist tragen sie zusammen mit Türen und Fenstern zu einer harmonischen, einladenden Fassadengestaltung bei. Doch ist dies in Italien nicht immer die Regel. Gerade in alten Ortschaften stehen die Häuser, große wie kleine, direkt an der Straße. Die Fenster dieser Gebäude liegen hoch und haben oft Gitter aus dicken Eisenstäben, die Türen bestehen aus waagerecht zusammengefügten breiten Brettern und sind mit vielen Eisennägeln beschlagen. Derart schmucklos präsentieren sich die Mauern vieler Gebäude aus dem Mittelalter und der Renaissance, dass man an einem Palazzo vorbeigehen kann, ohne ihn als solchen wahrzunehmen.

Jenseits der abweisenden Fassade sieht es wesentlich freundlicher aus. Häufig öffnet sich das Portal auf einen wunderschön bepflanzten Innenhof mit Statuenschmuck, Steinbänken und vielleicht sogar einem Springbrunnen. Bisweilen gibt es eine Außentreppe, über die der Gast in die im *piano nobile* (ersten Stock) gelegenen repräsentativen Empfangsräume gelangt.

Ende des 16. Jahrhunderts war es üblich geworden, dass sich vermögende Familien einen Landsitz erbauen ließen. Dort gestaltete man den Eingang in der Regel einladender. Bei der berühmten Villa Giulia, im Jahr 1550 von Giacomo Barozzi da Vignola für Papst Julius III. in der damals ländlichen Umgebung Roms erbaut, wird der Besucher von einer zweiteiligen geschwungenen Kolonnade, die Haus und Garten verbindet, gleichsam mit offenen Armen empfangen. Das gleiche Konzept griff Andrea Palladio für die Villa Badoer im Veneto auf. Die meisten seiner Villen haben allerdings eine breite Prachttreppe, die vom Park zu einem klassischen Säulenportikus mit Tympanon oder, wie bei der Villa Saraceno, einer offenen Loggia mit hohen Rundbogen hinaufführt.

Im Erdgeschoss überrascht häufig die einfache Ausführung der Innentreppe. Dies trifft vor allem für Häuser wie die Villa Cetinale zu, wo die Haupttreppe im Freien liegt. Der Treppenaufgang der Villa Bianchi-Bandinelli andererseits wirkt höchst imposant – möglicherweise deshalb, weil es keine Außentreppe gibt, mit der er konkurrieren müsste. Bei bedeutenden alten wie neuen Bauten wurde für die Stufen meist Stein, auch Marmor, verwendet. Andere Häuser haben Holztreppen, oder die Stufen sind gefliest, und in manchen modernen Gebäuden bestehen sie aus Metall. Selten findet man in Italien Stufen mit Teppichboden – die meisten bleiben blank,

VORIGE DOPPELSEITE Die Eingangshalle der Villa Bianchi-Bandinelli in Geggiano, unweit von Siena, wurde im späten 18. Jahrhundert von Ignazio Moder mit bezaubernden ländlichen Szenen ausgemalt. Die Tätigkeiten der einzelnen Jahreszeiten – Getreideernte, Weinlese und Jagd – und die damit verbundenen Feste sind als fortlaufendes, den Raum umgebendes Motiv dargestellt, wobei sich Porträts von Familienmitgliedern neben solchen prominenter lokaler Persönlichkeiten der damaligen Zeit finden. Der Betrachter wird quasi Teil des Freskos – über ihm wölbt sich ein blauer Himmel, und sämtliche Figuren laden ihn ein, an den Vergnügungen teilzuhaben.

Am gegenüberliegenden Ende der Halle hält ein Bimssteinbrocken die Tür zum Garten offen. Der im traditionellen Stil bemalte Tonkrug dient als Ständer für ein Sortiment Spazierstöcke, während die einladend breit geschwungenen Armlehnen den Stuhl in der Ecke als Sitz für stillende Frauen ausweisen.

GEGENÜBER Das Vorzimmer dieses Palazzos ist mit vier geschnitzten Stühlen aus Walnussholz und zwei flämischen Wandteppichen (17. Jahrhundert) sparsam, aber geschmackvoll ausgestattet. Die Sonnenstrahlen, die durch die Butzenscheiben der großen Fenster fallen, tauchen den Raum tagsüber in einladend warmes, gedämpftes Licht. Nach Einbruch der Dunkelheit sorgen die aus Schmiedeeisen und Bronze gefertigten Lampen mit den typischen pergamentenen Halbschirmen für stimmungsvolle Beleuchtung. Der auf Hochglanz polierte Parkettboden ist im Fischgrätmuster verlegt und knarrt leise, wenn man darüber geht.

GEGENÜBER Die Räume der im Veneto gelegenen Villa Saraceno verdanken ihre vornehmen Proportionen Palladio, der sie nach klassischem Maßstab gestaltete.

In der *sala* (Halle) bildet der sofort ins Auge stechende Fries unter den bemalten Deckenbalken einen effektvollen Kontrast zu den elfenbeinweißen Wänden. In einer Folge von Kartuschen zeigt er Theaterszenen vor klassischen Fassaden. Die unterschiedlichen Maßstäbe des Freskos verstärken die Illusion eingelassener Fenster, durch die man das jeweilige Geschehen beobachten kann.

Der 1612 verlegte Boden ist erst vor kurzem restauriert worden. Seine Fliesen wurden nach einer *battuto* genannten venezianischen Technik hergestellt, bei der zerstoßene Baumaterialien mit Kalkmörtel vermengt, geglättet und zum Abschluss geölt werden. Das Ergebnis ist eine besonders widerstandsfähige, rustikale Form von Terrazzo.

NACHFOLGENDE DOPPELSEITE Die im Erdgeschoss gelegene Diele der Villa Cetinale hat ein hohes Deckengewölbe und weiß getünchte Wände, die das durch die Gartentür einfallende Licht reflektieren und das Gefühl der Geräumigkeit unterstreichen (rechts). Eine schmale Steintreppe führt hinauf zum *piano nobile* und den eigentlichen Empfangsräumen. An den Wänden hängen mehrere Bilder, unter anderem eine illuminierte Handschrift und ein Porträt, sowie ein Spiegel. Im Treppenaufgang zeigt eine Serie zeitgenössischer Aquarelle ein paar der zahlreichen Wildpilze, die man in der Umgebung von Siena finden kann.

Die gegenüberliegende Dielenwand (links) schmückt ein Ölgemälde aus dem 18. Jahrhundert, auf dem Jäger mit ihren Hunden in einer idealisierten Landschaft ihrer Leidenschaft frönen. Im Hintergrund geht das sanfte Hügelland in hohe Berge über – fast eine norditalienische Szenerie. Auf der Kommode ist ein buntes Sammelsurium unterschiedlichster Objekte zu bestaunen, darunter eine Büste, ein Tierschädel und der Stachel eines Stachelschweins.

werden aber auf Hochglanz poliert. Ist eine Treppe besonders steil, wird manchmal ein strapazierfähiger Läufer ausgelegt und mit Teppichstäben aus Metall fixiert.

Form und Material des Treppengeländers ist ebenfalls eine Frage des Stils. Manchmal begnügt man sich mit einem Handlauf aus dekorativer Kordel. Daneben gibt es kunstvolle Eisen- und Holzgeländer, und in manchen aufwendig gestalteten Treppenhäusern übernimmt eine Nische in der Wand die Funktion des Handlaufs.

Die Ankunft in einem venezianischen Palazzo ist ein unvergessliches Erlebnis. Eine Gondel bringt den Besucher zu einer Außentreppe, die je nach Wasserstand mehr oder weniger Stufen zeigt. Im Inneren ist es zunächst eher düster. Hier bewahrte der Kaufmann die Waren auf, die seine Schiffe in die Lagunenstadt gebracht hatten; die Hallen zu beiden Seiten waren Lager- und Geschäftsräume und nicht zum Empfang von Gästen gedacht. Diese geleitete man rasch nach oben und begrüßte sie in dem langen, die gesamte Breite des Palazzos einnehmenden *portico*.

Auch bei vielen toskanischen Bauernhöfen befanden sich die Wohnräume im ersten Stock, den man über eine Außentreppe erreichte, während im Erdgeschoss das Vieh untergebracht war. Ähnlich ist die Aufteilung bei den Bauernhäusern im Gebirgsland Norditaliens. Nach dem Almabtrieb von der Sommerweide überwinterten die Tiere im Haus. Heute sind viele der ehemaligen Ställe zu Unterkünften für Skifahrer umgebaut, die während der kalten Jahreszeit in Scharen hierher kommen. Die Außentreppen führen zu typisch tirolerischen Holzbalkonen – malerischen Plätzchen, auf denen man Freunde willkommen heißt, die wärmenden Strahlen der Wintersonne genießt und sich nach einem anstrengenden Tag auf der Piste bei einem Glas Glühwein wärmt.

Eine italienische Diele ist traditionsgemäß sparsam möbliert, bedingt durch die Tatsache, dass dieser Raum dazu dient, Gäste zu empfangen, und nicht als Aufenthaltsort konzipiert ist. Möglicherweise stehen Stühle und Bänke an den Wänden, doch sind sie primär als optische Bereicherung gedacht. Wie in anderen Räumen werden die Möbelstücke gerne paarweise aufgestellt oder in Arrangements gruppiert, die für Ausgewogenheit zwischen den einzelnen Seiten des Raumes sorgen. Auch bei der Platzierung der Gemälde spielt dieser Sinn für Harmonie eine wichtige Rolle.

Was, unabhängig von allen Unterschieden in Stilrichtung und Ausstattung, bei jedem Besuch in Italien jedoch am meisten auffällt, ist die Herzlichkeit, mit der man Besucher willkommen heißt und in den Schoß der Familie aufnimmt. Diese Gastfreundschaft entspringt einer Freizügigkeit und menschlichen Wärme, die den Italienern anscheinend mit in die Wiege gelegt wurde.

GEGENÜBER Breite rostrote Streifen verleihen der hellgelb getünchten Diele gleichzeitig Witz und Dramatik. Dieselben Farben finden sich, in konventionellerer Form, in den Türfeldern wieder. Auf einer alten bemalten Tiroler Truhe steht ein neuer Krug aus Deruta, den ein überlieferter Dekor ziert.

DIESE SEITE Diese sehr alte Holztür, auf traditionelle Weise aus breiten Brettern gefertigt und mit Eisennägeln beschlagen, ist durch einen kräftig türkisblauen Anstrich zu neuem Leben erwacht. Denselben Farbton erhielt auch der Stuhl. Wände und Boden wurden so belassen, wie der jetzige Eigentümer sie vorfand, denn eine übertriebene Restaurierung hätte den ungekünstelt naiven Charme mindern können.

Gegenüber Eine breite Steintreppe verbindet die im Erdgeschoss gelegene Halle dieser Villa mit den Repräsentationsräumen im ersten Stock. Die als Handlauf dienende Kordel hebt sich von der olivgrün getünchten Wand ab, an der die Jahre nicht spurlos vorübergegangen sind. Am Fuß der Treppe befindet sich ein Pfeiler mit Trompe-l'œil-Malerei in Grisaille-Technik, die eine Reliefausführung der Ornamente und Einfassung vortäuscht; neben den Stufen verläuft die traditionell aufgemalte Fußleiste.

Diese Seite Einen schlichten, aber grifffesten Handlauf stellt die von einer Messinghand gehaltene Eisenstange dar. Diese originelle Kombination befindet sich in einem beispielhaft restaurierten Bauernhaus bei Todi.

Nachfolgende Doppelseite links Die Grundelemente dieses Flurs sind denkbar schlicht – naturbelassener Terrakottaboden und ein schmuckloses Eisengeländer, das die Steintreppe sichert. Überraschende Eleganz bringt ein Set *verre-églomisé*-Bilder ins Spiel. Bei dieser Hinterglastechnik wird eine Vergoldungs- oder Farbschicht aufgebracht, in die das Motiv geritzt werden kann. Blassgelbe Wände unterstreichen den Glanz der Rahmen und schaffen eine Atmosphäre natürlicher, einladender Wärme.

Nachfolgende Doppelseite rechts Prächtige Stuckdekorationen, Türstöcke aus Marmor, lebhaft warme Farben und in einem kunstvollen geometrischen Muster verlegte Marmorfliesen wetteifern in diesem Raum um das Augenmerk des Betrachters. Wir befinden uns im *portico* des venezianischen Ridotto, der als Spielkasino erbaut wurde und im Laufe seines Lebens sicher Schauplatz manch turbulenten Abends war. Heute ist das Gebäude Sitz der Alliance française, deren akademische und kulturelle Versammlungen nüchterner ablaufen dürften. Die Sitzmöbel mit bemaltem Holzrahmen und geflochtener Sitzfläche sind typisch venezianisch.

CONVERSAZIONE

Salon und Wohnzimmer

VORIGE DOPPELSEITE LINKS Der lichtdurchflutete Salon dieses venezianischen Palazzo mit seiner maßvollen Farbpalette und dem wohlüberlegt platzierten Mobiliar kann als Inbegriff dezenter Eleganz gelten. Die hohen Wände verdanken ihren leuchtenden Schimmer einer *marmorino* genannten Technik; ihr vornehmer Seidenglanz wird nur von dem spiegelnden Terrazzoboden übertroffen. Kronleuchter und Kandelaber mit ihrem Behang aus zarten Glastropfen bereichern den Raum um ein zusätzliches Spiel des Lichts.

VORIGE DOPPELSEITE RECHTS Zwei typische Ornamente der klassischen Antike – Eierstab- und Palmettenfries – sind hier in einem Gesims kombiniert. Sie illustrieren die lange Geschichte der Dekorationskunst italienischer Bauten. Diese und ähnliche Motive sind Teil einer Ornamentik, die verschiedene Generationen unterschiedlich interpretierten und von der Interieurs weit über die Grenzen Italiens hinaus beeinflusst wurden.

GEGENÜBER Das prächtige Tagbett aus dem 19. Jahrhundert, in dessen himbeerroten Seidenbezug gelbe Ornamente eingewebt sind, dominiert diesen Raum und lädt zur Siesta ein. Der Stuhl wurde als Behelfstisch herangerückt.

Ein flämischer Bildteppich aus dem 16. Jahrhundert nimmt einen Großteil der Wandfläche ein; bei starker Sonneneinstrahlung kann das darüber angebrachte Rollo herabgelassen werden. Vor dem kostbaren Stück stehen eine geschnitzte italienische Holztruhe und ein französischer Polsterstuhl (18. Jahrhundert).

Der Wohnraum, italienisch *salone* oder *salotto*, muss sehr vielseitig sein, formell und gemütlich zugleich, denn hier werden nicht nur Freunde empfangen, sondern auch beschauliche Stunden mit Musikgenuss oder einem guten Buch verbracht.

Prächtige Landhäuser, Villen und Palazzi verfügen häufig über mehrere Räume, die diesen Zwecken dienen. Wände und Decken der schönsten sind mit exquisiten Fresken oder Stuckornamenten geschmückt, und die Ausstattung besteht aus kostbaren antiken Möbeln, Gemälden und Kunstobjekten. Im Laufe ihrer Geschichte haben auch die Räume selbst manchen Wandel erlebt. So waren im 18. Jahrhundert die Stühle und Polsterbänke wohl entlang den Wänden aufgestellt, damit in der Mitte eine möglichst große Fläche für Tanz und Unterhaltung frei blieb. Im 19. Jahrhundert dann gruppierte man Empirestühle mit steif gepolsterten Sitzen und Rückenlehnen um einen Tisch, was eine weitaus förmlichere Kommunikation unter den Gästen bedingte. Durch das Weiterreichen der Traditionen, der Möbelstücke und Kunstobjekte von einer Generation an die nächste sind einige Palazzi zu lebenden Museen geworden, die vom Glanz vergangener Epochen zeugen.

Unabhängig von ihrer Größe und Ausstattung vermitteln nahezu alle *saloni* ein Gefühl von Weitläufigkeit. Dies hängt zum Teil damit zusammen, dass die Haupträume eines italienischen Hauses – selbst die relativ einfacher Gehöfte – in der Regel sehr hoch sind.

In historischen Palästen verleihen die imposante Größe und die kunstvolle Bemalung den Empfangsräumen eine unvergleichliche Dynamik und Ausdruckskraft. Licht und Raum in ihren Dienst stellend, kreierten die Künstler mit ihren Trompe-l'œil-Fresken die Illusion unendlicher Weite. In Räumen ohne derartig dramatische Ausmalung wird der Eindruck von Geräumigkeit durch eine ganz andere Interieurdekoration erreicht – durch die einfachste Form der Wandgestaltung mit schlicht weißem Stuck, die in einem hohen, nicht überladenen Raum das Gefühl von Weite hervorruft.

Blickfang im Wohnzimmer ist häufig der Kamin, der nicht selten derartige Ausmaße besitzt, dass er automatisch die Aufmerksamkeit auf sich lenkt. In Bauernhäusern bilden meist mehr oder minder grob geschnitzte Holzbalken einen rustikalen Sims, auf dem Nutz- und Ziergegenstände Platz finden. Im distinguierten Ambiente besteht die Kamineinfassung eher aus stilvoll bearbeitetem Stein, Marmor oder Stuck, und manchmal ist die Kaminwand mit dem Familienwappen geschmückt.

Ebenfalls zur weiträumigen Optik trägt der Bodenbelag bei. Große, auf Hochglanz polierte Flächen aus Terrazzo, Marmor oder Terrakottafliesen sorgen für vornehme Schlichtheit, und ein nicht zu großer Perserteppich oder Kelim unterstreicht die geräumige

GEGENÜBER Dieses Haus am Stadtrand von Florenz lädt zu gemütlicher Unterhaltung in gepflegtem Ambiente ein. Der Fußboden aus cremebeigen Marmorfliesen wird durch kleine Quadrate in Terrakotta und Schwarz aufgelockert. Für die Wandflächen oberhalb des Gesimses wurde Kantalupe gewählt, ein sonniger Gelbton, der sich auch im Sofabezug, den Kissen und den Lampenschirmen findet und eine Atmosphäre einladender Gemütlichkeit schafft.

NACHFOLGENDE DOPPELSEITE Flankiert von Bücherregalen und Polstersesseln bildet ein großer Steinkamin den zentralen Blickfang im *salone* dieses umgebauten umbrischen Gehöfts (links). Alte türkische Musketen sind gegen die Einfassung gelehnt, darüber hängt das Ölporträt eines süditalienischen Mädchens, das eine saftige Traube in der Hand hält. Eine leuchtend pinkfarbene Tischdecke mit weißem Blütenmuster setzt kräftige Farbakzente in dem ansonsten eher schlicht ausgestatteten Raum. Die Bildnisse zweier neapolitanischer Vorfahren über einem alten Holztisch und zwei Stühlen schmücken die gegenüberliegende Wand (rechts). Im gesamten Raum kommt das Gefühl für Symmetrie zum Ausdruck, das den italienischen Wohnstil ganz wesentlich prägt.

Wirkung zusätzlich. Sehr große Teppiche sind die Ausnahme, Teppichböden gelten geradezu als stillos – die gemütliche Wärme von Auslegware hat in einem italienischen Interieur nichts zu suchen.

Das Mobiliar eines Salons sollte bequem, aber zugleich auch geschmackvoll sein. Sofas sind häufig mit edlen Stoffen in empfindlichen – und entsprechend unpraktischen – Farben bezogen; alte Polsterstühle werden mit weißen Hussen verjüngt. In vielen italienischen Wohnzimmern steht ein Tagbett, da die Siesta bis heute zu den großen Leidenschaften dieser Nation gehört. Auch eingebaute oder frei stehende Bücherregale sind (sofern das Haus nicht über eine eigene Bibliothek verfügt) fester Bestandteil der Einrichtung, zudem natürlich Tisch und Couchtisch.

Die Anordnung der Möbelstücke ist darauf ausgerichtet, eine gemütliche Gesprächsatmosphäre zu schaffen; häufig stehen mehrere Stühle oder Sessel einander oder einer breiten Couch gegenüber, während lange, niedrige Sofas L- oder U-förmig ausgerichtet sind, damit sich die Plaudernden bequem unterhalten können. Zwei Zweisitzer, rechts und links des Kamins aufgestellt, vermitteln ein besonders komfortables Wohngefühl.

Wesentliche Bedeutung kommt der Beleuchtung des Wohnraums zu, da sie vielerlei Funktionen zu erfüllen hat. Obwohl in den repräsentativsten Räumen nicht selten prachtvolle Kristalllüster hängen, knipst man doch häufiger kleine Tischlampen an, die sanfte Lichtkegel werfen und eine behaglichere Atmosphäre verbreiten. Stehleuchten aus Schmiedeeisen, Messing oder gedrechseltem Holz rücken die Lichtquelle näher an die Decke.

Wie Bilder aufgehängt sind, hat eine beachtliche Wirkung auf den Stil des Raumes. Viele italienische Familien sind im Besitz religiöser Gemälde, die schon allein durch Größe und Ausstrahlung, Pracht des Rahmens und zentrale Positionierung – vielleicht mittig über dem Sofa oder einem anderen auffälligen Möbelstück – ihr Umfeld dominieren. Weniger bedeutende Gemälde, Zeichnungen oder Stiche hängt man zu mehreren dort auf, wo sie durch ein ausgewogenes Arrangement am besten zur Geltung kommen. Selbst relativ preiswerte Drucke werden auf diese Weise ins Blickfeld gerückt und durch die kunstvolle Platzierung aufgewertet.

Die Italiener sind begeisterte Sammler, und sie lieben es, ihre Schätze über den ganzen Wohnraum verteilt zu präsentieren: Statuen und andere Kunstobjekte auf Beistelltischen, Gemälde, Fächer oder kostbare Porzellanteller an den Wänden. Antikes Silber steht neben wunderschönen Fayencen, und stets erhalten die Lieblingsstücke einen Ehrenplatz. Äußerst dekorativ sind auch Altertümer aus Griechenland oder Rom, die gerne neben Fossilien und Mineralien von noch weit höherem Alter gezeigt werden.

PARIS
MOSCOU
HENRI MATISSE
VAN EYCK
ITALIAN PAINTING

DIESE SEITE UND GEGENÜBER Der Wohnraum ist angefüllt mit den Schätzen eines leidenschaftlichen Sammlers (rechts). Die reiche Vielfalt der exquisiten Stücke, bei der aber niemals der Eindruck eines bunt zusammengewürfelten Durcheinanders entsteht, fasziniert den Geist und erfreut das Auge. Auf dem Kaminsims befindet sich eine Skulpturensammlung: zwei griechische Tauben aus dem 4. Jahrhundert v. Chr. sowie der Kopf eines Ebers, ein Hase und ein springender Hund aus dem antiken Rom. Darunter bewachen zwei grimmig dreinschauende neapolitanische Bulldoggen die Feuerstelle. Gemälde religiösen Inhalts sind in Italien weit verbreitet; hier beherrscht ein heiliger Giovanni von Cristofano Allori die Wand. Auf einem Marmortisch (unten) sind verschiedene antike Artefakte arrangiert, die durch die schöne Basaltbüste optimal in Szene gesetzt werden.

Diese Seite und gegenüber Eine Vorliebe des Eigentümers für kräftige Töne erklärt die lebhafte Farbgebung des Salons in diesem umbrischen Landhaus. Die kobaltblauen Wände werden unten durch einen hüfthohen aufgemalten Sockel begrenzt, den – gleichfalls gemalte – pinkfarbene Draperien zieren. Dem gleichen Himbeerton, aber einige Nuancen dunkler, begegnet man im Seidenbezug des Sofas wieder. An einer Wand wurde eine Kollektion von *Commedia-dell'arte*-Drucken aufgehängt, deren rosa Passepartouts und weiße Rahmen ins Auge stechen. Blaue Kissen greifen das Lapislazuli der restaurierten Schablonenmuster an den Deckenbalken auf, und die Balkonturen präsentieren sich in leuchtendem Chromgrün. Dass die Kombination all dieser Farben keinen optischen Missklang erzeugt, ist nicht zuletzt der neutralisierenden Wirkung des Terrakottabodens und der weiß gekalkten Decke zu verdanken.

Nachfolgende Doppelseite links Verschiedene Altertümer schmücken, von einem altrömischen Medusenhaupt bekrönt, die Wand über einem mehrsitzigen Sofa. Auch das Marmorrelief ist römischen Ursprungs, ebenso der Wasserkrug auf der rechten Konsole. Die zierlichere Form des zweiten Krugs verweist auf eine toskanische Arbeit aus dem 16. Jahrhundert. Das Sofa trägt einen Grundbezug aus elfenbeinweißem Baumwolltwill, auf den ein herrlicher umbrischer Stoff mit eingewebten Jagdszenen appliziert ist. Die drei Samtkissen setzen farblich mit dem Weinrot des Passepartouts harmonierende Akzente.

Nachfolgende Doppelseite rechts Eine Anzahl Sepiazeichnungen (18. Jahrhundert) nach Motiven des französischen Malers Claude Lorrain wurde identisch gerahmt und in einer symmetrischen Anordnung, wie man sie in italienischen Häusern häufig findet, über dem Sofa platziert. So wirken die Bilder viel eindrucksvoller, als wenn man sie über mehrere Wände verteilt hätte.

Diese Seite und gegenüber Der Eindruck schlichter Harmonie bestimmt diesen in warmen Tönen gehaltenen Raum (links), in dem Boden und Wände mit ihren Weiß-, Ocker- und Terrakotta-Nuancen die gedämpften Farben des Kelims aufgreifen. Ein ehrwürdiger Ledersessel ist neben den Kamin gerückt, in dem im Winter ein flackerndes Feuer prasselt.

Durch die offene Tür fällt der Blick in die Loggia (rechts), von der man über wenige Steinstufen in den Innenhof gelangt. Früher wohnte in diesem Geschoss die Bauersfamilie, darunter befand sich der Stall.

Nachfolgende Doppelseite links
Ockergelb getünchte Wände bringen Wärme in dieses umgebaute umbrische Bauernhaus. Ein traditioneller weiter Backsteinbogen überspannt den Raum – ein architektonischer Kunstgriff, der in diesem Teil Italiens öfter anzutreffen ist. Die Terrakottafliesen des Bodens sind neu, aber nach alter Manier handgefertigt. Eine matratzenbestückte eingebaute Sitzbank mit aufgemalter hellblauer Fußleiste und die sonnige Wandfarbe bereichern den restaurierten Raum um zeitgenössisches Flair.

Nachfolgende Doppelseite rechts
Die ehemalige Küche dieses Landhauses bei Siena wurde in einen gemütlichen Aufenthaltsraum für die ganze Familie verwandelt – gekocht wird heute anderswo. Der Ofen, der im Winter einladende Wärme ausstrahlt, dient im Sommer der Präsentation verschiedener dekorativer Objekte. Der Sims über dem Kamin wird auf einer Seite von der mächtigen Schraube einer Weinpresse getragen, die an den herrlichen Chianti erinnert, der auf den umliegenden Weinbergen angebaut wird.

DIVERTIMENTO

Küche und Speisezimmer

Unser moderner Wohn- und Lebensstil wird immer legerer und informeller. Heute nimmt man Mittag- und Abendessen meist recht spontan im Kreise der Familie oder mit Freunden ein, anstatt sich wie früher zu eleganten, förmlichen Mahlzeiten zu versammeln, die oft lange im Voraus genauestens geplant wurden.

Trotz dieser wachsenden Ungezwungenheit ist das Essen in der Küche in Italien längst nicht so verbreitet wie in vielen anderen Ländern. Vielmehr hat die Küche hier ihre ursprüngliche Funktion beibehalten als der Raum, in dem die Mahlzeiten zubereitet werden. Vor allem in Stadtwohnungen sind moderne Küchen mit allem Nötigen ausgestattet und auf größtmögliche Funktionalität ausgerichtet, was auch heißt, dass es für jeden Topf und jeden Löffel einen Platz gibt, an dem er außer Sicht aufbewahrt wird.

In einem Landhaus, wo mehr Platz zur Verfügung steht, ist es möglich, eine gemütlichere Wohnküche einzurichten, in der man sich mit Freunden unterhalten kann, während man Gemüse putzt, Pasta aufsetzt und die Salatsauce anrührt. In solchen Häusern findet man in der Küche häufiger auch einen Esstisch. Fliesen mit heiterem Muster schmücken die Wände, bunt glasierte Töpferwaren stehen neben Kupferkesseln und Pfannen, und Flechtkörbe sowie Sets und Tabletts verleihen dem Raum ein rustikales Flair. Werden Gäste erwartet, ist meist eine grob gewebte Leinendecke über den Tisch gebreitet, und buntes Keramikgeschirr und einfache Gläser laden zu einem gemütlichen Essen ein.

Italiener lieben große Gesellschaften, und es macht ihnen Freude, gewaltige Mengen köstlicher Gerichte für jede Menge Leute zuzubereiten. Jede Familie scheint einen riesigen Tisch zu besitzen, an dem mindestens zehn, besser zwanzig Personen Platz finden, denn außer der Familie stoßen oftmals auch Freunde dazu. Ob in der Küche oder im Speisezimmer, dieser Tisch repräsentiert das Herz italienischer Gastfreundschaft. Um ihn versammelt man sich zum Austausch von Neuigkeiten, hier schmiedet man Pläne für die Zukunft oder freut sich einfach an der gegenseitigen Gesellschaft und genießt das schmackhafte Mahl – wobei dem Wein gerne und reichlich zugesprochen wird. Auch gegen heftige Meinungsverschiedenheiten ist man hier nicht gefeit, und schon während des Essens werden häufiger die Plätze getauscht, um den Gesprächspartner zu wechseln. Kleine und größere Kinder toben mit einer Wildheit um den Tisch herum, die wilhelminischen Gouvernanten den Schweiß auf die Stirn getrieben hätte, über die Eltern, Großeltern, Tanten und Onkel hierzulande jedoch mit nachsichtiger Geduld hinwegsehen.

Das Mittagessen zieht sich nicht selten bis weit in den Nachmittag hinein. Ein Gang nach dem anderen wird aufgetischt und

VORIGE DOPPELSEITE Bei dieser umgebauten Bauernküche wurden alle modernen Annehmlichkeiten in ein traditionelles Ambiente integriert. In der Mitte bietet ein alter französischer Holztisch Arbeitsfläche und Platz für ungezwungene Mahlzeiten. Wird er nicht benötigt, lässt er sich einfach zusammenklappen und wegräumen. Die offene Feuerstelle in der Ecke wird im Winter gerne benutzt, um nach klassisch umbrischer Art Fleisch am Spieß zu braten. Andere Gerichte werden allerdings im Backofen beziehungsweise auf dem Herd zubereitet. Töpfe und Pfannen hängen – so praktisch wie dekorativ – griffbereit am Wandregal oder stehen in Reichweite. Hübsche Keramikfliesen und ein leuchtend ockergelber Anstrich vervollständigen die gemütliche Atmosphäre.

GEGENÜBER Die Gewölbedecke des eindrucksvollen Speisesaals (15. Jahrhundert) im Torre di Bellosguardo ist nach altrömischer Tradition mit herrlichen Fresken geschmückt. Die Farbenpracht der Decke steht in auffälligem Kontrast zu den schmucklos weißen Wänden und dem dunklen Holz der massiven Türen.

Das dekorative schwarze Kamingitter und der kunstvoll gearbeitete Leuchter sind aus Schmiedeeisen gefertigt. Auf der Kaminwand über der mit herrlichem Reliefschmuck verzierten Kaminumrandung weist ein Wappen die Familie Michelozzi als Eigentümerin des Turms aus. Die kleine Nische nahe der Raumecke mit ihrer hübschen Steineinfassung ist zum Händewaschen gedacht.

Die Mitte des Saals nimmt ein mächtiger geschnitzter Tisch ein, der im Lauf der Zeit durch sorgfältiges Polieren eine schimmernde Patina entwickelt hat, wie sie künstlich unmöglich nachzuahmen wäre.

mit genüsslichem Stöhnen begrüßt. Den Auftakt des Mahls bildet gewöhnlich ein einfacher Antipasto, etwa mit Hähnchenleber, Pesto oder Tomaten bestrichene oder belegte *crostini*, oder Schinken und Würste. Nach einer kleinen Pause folgen dampfende Schüsseln voll aromatischem Risotto oder köstlicher Pasta. Keiner hat es eilig, es ist viel Zeit bis zum nächsten Gang, einer riesigen Platte mit Fleisch. Und mit derselben herrlichen Ruhe werden danach Gemüse, Salat, Obst und Käse oder ein Dessert serviert.

Der genießerische Verzehr der Speisen lohnt die Mühe der Zubereitung. Jeder Koch achtet darauf, nur die frischesten Zutaten zu verwenden, am liebsten vom örtlichen Markt, wo sich farbenfrohe Früchte und Gemüse aus der Region steigenweise in verlockender Fülle türmen, während direkt daneben an anderen Ständen Händler cremige italienische Käse, Schinken und Salami, knusprig frisches Brot und Kuchen anpreisen.

Bei einem formellen Abendessen verwendet man große Sorgfalt auf eine festlich gedeckte Tafel. Aus Venedig, wo auf der kleinen Insel Murano seit Jahrhunderten Glasbläsereien angesiedelt sind, kommen kostbare Kelche und exquisite Weingläser mit kunstvoll geformten Stielen, die manchmal einen *latticino*-Dekor haben: zarte milchweiße Fäden, die in das klare Glas eingebettet sind.

Weißleinene Tischtücher und Servietten sind häufig geschätzte Erbstücke. Selbst heute noch erhalten junge Frauen zur Hochzeit als Aussteuer Tisch- und Bettwäsche, genäht oder gekauft von ihrer Mutter oder Großmutter oder bestickt von Nonnen, die seit der Geburt des Mädchens daran gearbeitet haben. Angesichts dessen darf es nicht verwundern, wenn dieses Leinen stets größte Sorgfalt erfährt, blütenweiß gewaschen und gestärkt wird.

Auch zart bemaltes Porzellan kann ererbt sein. Oder es stammt von traditionsreichen Manufakturen wie Este Ceramiche e Porcellane und Richard-Ginori, die noch immer Porzellan mit traditionellen Dessins herstellen – schlicht weiß oder mit floralen Mustern –, aber auch modernes Geschirr in leuchtenden Farben. Dazu glänzend poliertes Silberbesteck und ebenfalls silberne Kerzenleuchter sowie ein üppiges Blumenarrangement – und man hat einen wahrhaft glanzvollen Rahmen für ein festliches Diner.

Ist der Tisch nicht gedeckt, wirken italienische Speisezimmer häufig etwas karg, denn es gibt nur wenige Möbelstücke, die das Augenmerk auf sich ziehen. Großer Beliebtheit erfreuen sich Tische im Refektoriumsstil mit schweren geschnitzten Beinen. Eine Anrichte, Serviertischchen und manchmal ein geräumiger Schrank, in dem Porzellan und Glas verwahrt werden, sind häufig die einzigen anderen Möbelstücke. Allerdings variieren Mobiliar und Dekoration nach Region und Stadt.

GEGENÜBER Am Abend funkelt dieser Speiseraum eines venezianischen Palazzo im dem Kerzenlicht, das der Muranoleuchter reflektiert und auf die Wände wirft – ein Effekt, den der venezianische Spiegel sowie der glänzende Terrazzoboden noch verstärken. Das Wandtischchen mit seinen Vergoldungen ist eine venezianischem Möbeldesign nachempfundene, dabei aber stark simplifizierende zeitgenössische Arbeit, während der Paravent mit kostbarer Lederprägung aus dem 18. Jahrhundert datiert. Das durch Größe und Dramatik beeindruckende Gemälde zeigt den Raub der Europa. Ein unter blütenweißem Leinen verborgener venezianischer Tisch aus Walnussholz und passende Stühle bilden den stilvollen Rahmen für ein erlesenes Mahl im kleinen Kreis.

NACHFOLGENDE DOPPELSEITE LINKS Diese geschnitzte Anrichte steht im Speisezimmer der Villa Saraceno. Ein Paar dekorative französische Leuchter flankiert in perfekter Symmetrie das Ölporträt eines Kardinals – eine Komposition von nobler Schlichtheit, die mit den weißen Wänden und dem dunklen Holzmobiliar harmoniert.

NACHFOLGENDE DOPPELSEITE RECHTS Das Esszimmer dieses ehemaligen Jagdhauses erinnert sowohl vom Mobiliar als auch von der Ausstattung her an ein niederländisches Stillleben. Eine kunstvoll intarsiengeschmückte Laute lehnt gegen ein in Leder gebundenes Buch; weitere Bände sind vor einem reich verzierten Silberteller gestapelt. Im Vordergrund liegen eine Holzflöte aus dem 18. Jahrhundert und indische Schießpulverbehälter, die aus Perlmutt gefertigt sind und entsprechenden Lüster aufweisen. Eine Spiegelung des Fensters in der Glasvase und die zartrosa Rosen verstärken noch die Illusion eines alten Meisters.

Unterhalb dieses Stilllebens – und dessen Wirkung unterstreichend – steht auf einer geschnitzten Holzkommode eine venezianische Silberterrine, flankiert von einer antiken silbernen Karaffe und einer Urne. Lederbezogene Stühle mit charakteristischer Lehnenform umgeben den schweren Holztisch und betonen das maskuline Fluidum dieses Raumes.

DIESE SEITE UND GEGENÜBER Die geöffneten Flügel einer schönen alten Tür geben den Blick frei auf den Esstisch (links). Sämtliche charakteristischen Merkmale eines rustikalen Landhauses – hell getünchte Wände, frei liegende Deckenbalken, ein Terrakottaboden und dunkle Holzmöbel – sind in diesem Raum zu bewundern. Direkt hinter der Tür befindet sich ein wuchtiger Schrank, in dessen tiefen Fächern Geschirr und Gläser des Haushalts Platz gefunden haben.

Am Fuß der Treppe, die zum Speisezimmer führt, erblickt man ein hohes Waschgestell (rechts), das heute allerdings nur mehr dekorative Funktion erfüllt.

NACHFOLGENDE DOPPELSEITE LINKS Der rustikale Tisch wurde im 18. Jahrhundert aus massivem Ulmenholz gefertigt und ist typisch für den umbrischen Landhausstil. Ein riesiger Kamin aus *pietra serena* (einem graublauen feinkörnigen Sandstein) sorgt im Winter für gemütliche Wärme und wird häufig als Feuerstelle zum Kochen verwendet. In seinem Inneren befindet sich ein großer Haken, an dem früher stets ein Kessel mit Bohnen hing, dem traditionellen Grundnahrungsmittel der Region. Das bemalte Zinntablett über der Tür stammt aus Russland und bringt ein Element der Überraschung in diese ansonsten sehr umbrische Küche.

NACHFOLGENDE DOPPELSEITE RECHTS Dieser Raum war vor der Restaurierung des Hauses der Schweinestall. Die Farbe der Wände wurde sorgfältig dem ursprünglichen Gebäude nachempfunden und bildet jetzt den malerischen Hintergrund für eine Sammlung kolorierter Drucke mit den Bauerntrachten verschiedener Regionen. An dem farbig lackierten Tisch können bis zu 14 Personen Platz nehmen.

ETCHINGS

DIESE SEITE UND GEGENÜBER Die toskanische Anrichte (links) ist geräumig genug, um das gesamte Geschirr der Familie zu fassen. Der Anstrich schützt das weiche Holz und verleiht dem Stück zugleich einen Hauch von Eleganz. Simple weiße Keramikteller und Krüge stehen zum Decken des Tisches bereit (unten). Sie präsentieren sich denkbar einfach und rustikal, da die Besitzer der zeitlosen Schlichtheit des italienischen Landhausstils huldigen.

NACHFOLGENDE DOPPELSEITE Keramikgeschirr wird in ganz Italien produziert, der Dekor jedoch ist von Region zu Region verschieden. Viele Italiener sammeln Töpferwaren, alte und neue, die ebenso dekorativ wie nützlich sind. Für die allereinfachsten Dessins werden nur Farbtupfer auf einen reinweißen Untergrund gegeben. Bei leicht aufgesetztem farbgetränktem Pinsel entstehen durch die Bewegung der Töpferscheibe regelmäßige Kreise. Immer beliebt und relativ preiswert sind volkstümliche Motive mit Blüten, Blättern und Vögeln. Die zarteren Muster der Deruta-Ware basieren auf dem aus der Renaissancekunst vertrauten Arabeskenornament.

2. LITRI

CAFFÉ

Die großen Töpfe, in denen täglich Pasta gekocht wird, stehen in einem Schrank, aber die heiß geliebten kupfernen Pfannen, Kessel und Puddingformen, seit Generationen in Familienbesitz, hängen in diesen Beispielen als Dekoration von den Deckenbalken beziehungsweise an einem Bord über der Spüle. Ein Bestandteil fast jeder italienischen Küche, ergänzen sie das dunkle Holz und die weiß getünchten Wände um einen rötlich warmen Goldton.

In dieser Küche (gegenüber) kocht man nach traditionellen wie modernen Methoden; so wird die offene Feuerstelle noch immer zum Fleischbraten benutzt. Klein gemusterte Fliesen sowie ein Regalbrett mit Glasgefäßen, die von Pasta bis zu Kräutern alle möglichen Zutaten enthalten, bringen zusätzlich Leben in den Raum.

Lange, flache Spülsteine wie der auf dieser Seite abgebildete sind in Umbrien und der Toskana häufig zu finden.

Das hölzerne Tellerbord über dem Spülstein erleichterte schon Generationen den Abwasch und erspart das Abtrocknen (oben). Die Teller, Schalen und sonstigen Utensilien sind nicht nur rasch zur Hand, sondern sehen zudem dekorativ aus. Neben dem Holzbord sind in einer Wandnische leere Eierschachteln gestapelt; sie warten darauf, mit braun gesprenkelten Eiern der Hennen gefüllt zu werden, die draußen im sonnigen Hof nach Körnern scharren.

Auf der anderen Seite desselben Raumes (gegenüber) haben geschickte Hände aus einem ehemaligen Futtertrog eine Sitzbank gemacht; für den weiteren Bedarf stehen Stühle bereit. Der Boden aus Steinplatten, das unverputzte Mauerwerk und die naturbelassenen Deckenbalken geben dieser Küche einen unverwechselbar rustikalen Anstrich.

TRANQUILLITÀ

Schlafzimmer und Bad

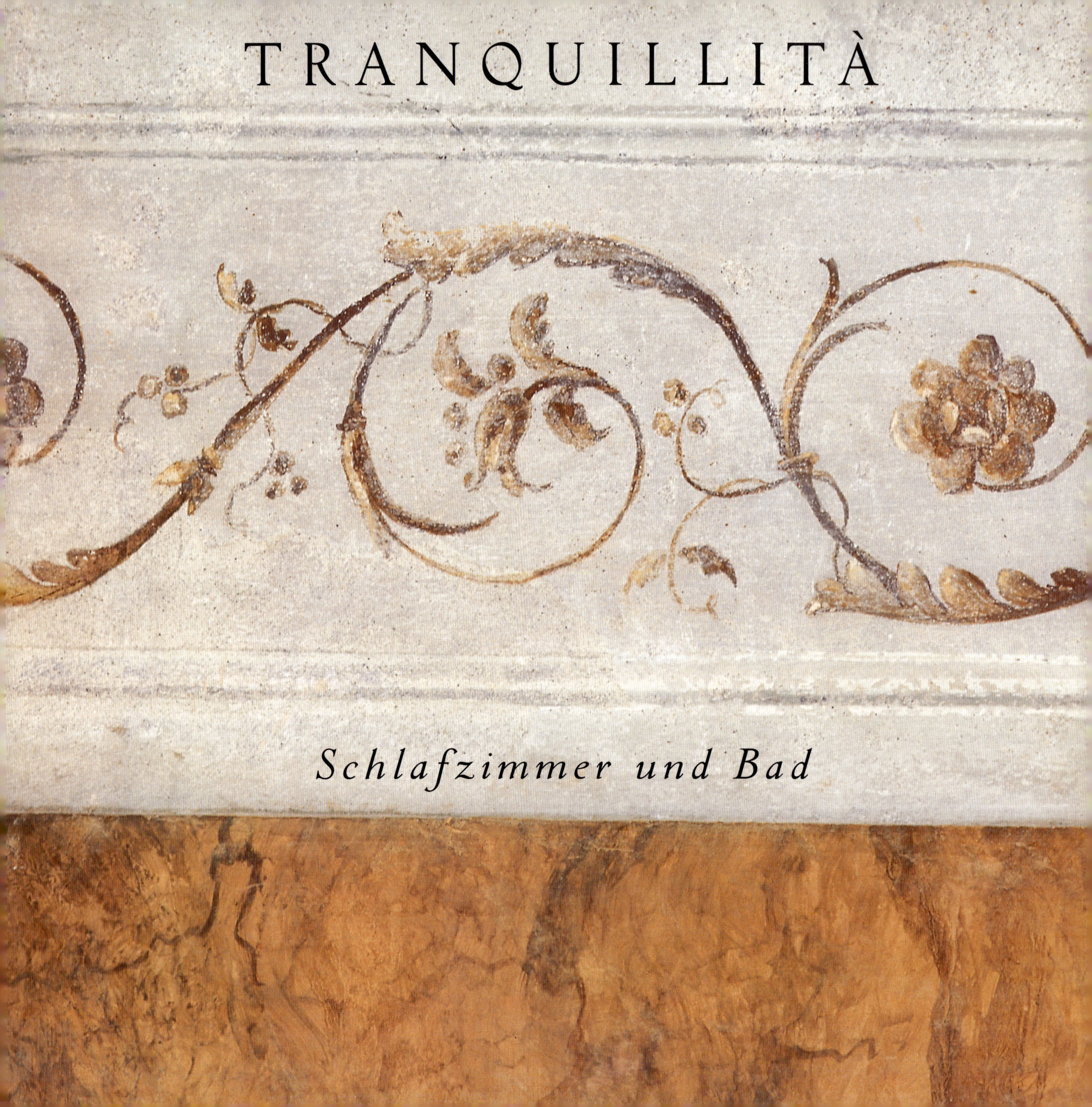

VORIGE DOPPELSEITE LINKS Eine Arabeske – ein Rankenornament aus Blättern und Blüten, das seinen Ursprung in der klassischen Antike hat – ziert diese gemalte Bordüre.

VORIGE DOPPELSEITE RECHTS Mildes Sonnenlicht erfüllt den venezianischen Schlafraum und beleuchtet die zarte Wandmalerei aus dem 18. Jahrhundert. Unter dem Gesims befindet sich ein prächtiger Dekor aus gemalten Draperien und Girlanden. Der ebenfalls aufgemalte Sockel ist eine stilisierte Marmorimitation mit feiner Äderung über terrakottafarbenem Grund. In Kontrast zu den reich geschmückten Wänden ist die Liege vor dem Kamin nur mit einem schlichten grünen Überwurf bedeckt, während sich das Bett in cremeweißer Seide präsentiert.

GEGENÜBER Dieses prächtige Bett, das den gesamten Raum dominiert, macht dem herrlichen Ambiente alle Ehre. Mit seinen kunstvoll geschnitzten Pfosten und dem Kopfteil ist es so hoch, dass sich die Liegefläche auf derselben Höhe wie der am Fuß des Bettes stehende kleine Schreibtisch befindet. Zusätzlich hervorgehoben wird die Grandeur des Bettes durch das Trompe-l'œil-Fresko in der muschelförmigen Nische über dem Kopfende. Die Bogenform wiederholt sich bei der Lünette über der Tür, wo Apoll in einer idyllischen Landschaft ruht. Sanftes Licht durchflutet den Raum und wird von dem polierten Terrakottaboden und den Wandflächen reflektiert. Deren warmes Kürbisgelb unterstreicht die üppige Dekoration und bildet zugleich einen harmonischen Kontrast zu der traditionell blütenweißen Bettwäsche.

Das Schlafzimmer soll ein Ort der Erholung sein: Eine ruhige Zuflucht vor der Welt, wo nach einem anstrengenden Tag Körper und Geist vollkommene Ruhe genießen können. Ein Raum, in dem die Farben der Dekoration und die Art der Einrichtung ein Ambiente schaffen, das zum Entspannen und Träumen einlädt.

Die große Sommerhitze prägt ganz deutlich das Aussehen italienischer Schlafzimmer, vor allem in ländlichen Regionen, wo die Wände dick und die Fenster klein sind. Die Läden lässt man den ganzen Tag über geschlossen, damit es drinnen kühl und schattig bleibt. Uns, die wir in nördlicheren Breiten leben und Sonne und Licht eher als wohltuend denn als störend empfinden, erscheinen solche Schlafräume möglicherweise düster und abweisend. Im Winter reduzieren zwar die mächtigen Wände und winzigen Fensteröffnungen den Wärmeverlust auf ein Minimum, doch kommen einem die Räume dann noch dunkler vor.

Größere, luxuriösere Häuser verfügen über entsprechend größere Fenster und höhere Räume, weshalb auch die Schlafzimmer freundlicher und luftiger wirken. Doch auch hier hat man statt Vorhängen Läden, und es ist ebenfalls üblich, die Läden tagsüber geschlossen zu halten, wobei Luft durch die Lamellen zirkuliert.

Wichtigstes Möbelstück in einem italienischen Schlafzimmer ist das Bett, das *letto matrimoniale*. Es gibt viele Arten von Betten; der Stil ist von Region zu Region verschieden und natürlich auch von der Ausstattung des Hauses abhängig. Für Adelsfamilien gefertigte Betten wirken meist besonders imposant.

Typisch sind Polsterbetten mit hohem Kopfteil und prächtigem Seidenbezug. Nach Manier des Barock zieren die Kanten des Kopfteils extravagante Schnörkel – ein Dekor, der mit dem Muster des Seidendamasts korrespondiert. Die Tagesdecke ist meist aus dem gleichen edlen Stoff gefertigt, und in den prächtigsten Räumen gibt es möglicherweise Draperien, die von einer dekorativen Krone herabfallen und dem Ganzen theatralisches Flair verleihen.

Auch geschnitzte Holzbetten gehören zum typisch italienischen Inventar. Bei einigen ist nur das Kopfteil kunstvoll ausgeführt, andere haben zudem schön geschnitzte hohe Eckpfosten. Das Holz bleibt manchmal naturbelassen, kann aber auch bemalt oder vergoldet sein. Am schlichtesten sind die schmucklosen Holzbetten, die man auf dem Land findet und die einfachen Pächtern gehörten.

Eine Bettart, der man in ganz Italien begegnet, ist das *baldacchino* oder Baldachinbett. Aus Eisen gefertigt, besitzt es glatte hohe Pfosten, die am oberen Ende über Querstangen miteinander verbunden sind. Diese bleiben entweder unverkleidet oder halten Musselin-, Baumwoll- oder Spitzenvorhänge, die an den Ecken zusammengebunden werden können.

Viele italienische Betten bestehen aus Schmiedeeisen, wobei die Stäbe der Kopf- und Fußteile eine schier unendliche Formenvielfalt aufweisen. Gewöhnlich bleibt das Metall schwarz; bisweilen wird es aber auch weiß lackiert, was das Bettgestell leichter und den Schlafraum heller wirken lässt.

Bettwäsche ist in Italien meist weiß – Überzüge aus feinster Baumwolle, die sich wie Seide anfühlt, oder aus edelstem Leinen. Wenngleich das Stärken und Bügeln dieser Stücke sehr zeitaufwendig ist, empfinden Italiener ein blütenweißes Bett eher als etwas Lebensnotwendiges denn als Luxus. Auch die Tagesdecke – aus alter Spitze, kunstvoll umhäkelter Baumwolle oder Piqué – ist gewöhnlich weiß. Die meisten Betten haben sowohl Kopfkissen als auch eine lange, oft harte Nackenrolle, die, sofern man nicht daran gewöhnt ist, recht unbequem sein kann.

Wie im restlichen Haus besteht der Boden des Schlafzimmers gewöhnlich aus Terrakotta oder Terrazzo, wenngleich es auch Holz- und Marmorböden gibt. Auslegware ist ausgesprochen selten, einzelne Teppiche aber sieht man häufiger, verleihen sie dem Raum doch zusätzliches Kolorit.

Seit der Antike sind die Italiener bemüht, die Kunst des Badens zu perfektionieren, und heute erweisen sich ihre Bäder häufig als ebenso praktisch wie luxuriös. Viele Leute beginnen den Tag mit einer kurzen, belebenden Dusche; die meisten haben zudem die Möglichkeit, sich in einem heißen Wannenbad zu entspannen. In Italien achtet man sehr auf die Ausstattung des Badezimmers, und alles – vom Waschbecken bis zu den Armaturen – zeigt erstklassiges Design. Seife, Bimsstein und Schwamm sind wie die dekorativ platzierten Flaschen mit Lavendel-, Rosen- oder Jasminwasser und parfümierten Badesalzen von bester Qualität. Nach dem Bad hüllt man sich mit Vorliebe in ein dickflauschiges weißes Handtuch oder einen kuscheligen Bademantel aus feinster ägyptischer Baumwolle, die herrlich weich ist und viel Feuchtigkeit aufnimmt. Einen Hauch von Luxus verbreiten auch die spitzenumsäumten Waschlappen aus weißem Leinen.

Der Boden des Badezimmers muss wasserfest sein, weshalb Terrakotta- oder Keramikfliesen eine beliebte Wahl sind. Gelegentlich findet man auch Mosaikarbeiten, die – zumal bei einem mit Wasser verknüpften Motiv – äußerst dekorativ wirken können. In den vornehmsten Badezimmern bestehen Boden, Wandverkleidung und Waschbeckenumrandung aus Marmor; als Spritzschutz kommen jedoch fast immer glasierte Fliesen zum Einsatz. Sie können glatt weiß sein, aber auch kunstvolle Muster zeigen. Bei manchen sind die Ränder etwas hochgezogen, so dass ein dreidimensionaler Effekt entsteht.

Unter dieser flachen Dachschräge finden sich sämtliche Elemente eines typisch italienischen Landhausschlafraums: sichtbares Balkenwerk, ein kleines Fenster mit Läden aus Kastanienholz, weiße Wände und die traditionellen hohen Eisenbetten. Gerade weil die Betten nicht identisch sind, bereichern sie den Raum durch die schwungvolle Form ihrer Metallstäbe, und die hübschen grünen Bezüge bringen Farbe ins Spiel.

Vorhänge sind in italienischen Schlafzimmern selten anzutreffen. An ihre Stelle treten hölzerne Fensterläden, die im Sommer den Raum schattig-kühl halten und während der kalten Jahreszeit dafür sorgen, dass möglichst wenig Wärme entweicht.

Gegenüber Der blasse, hell-dunkel gesprenkelte Terrazzoboden, die cremefarbenen Betten und die schneeweißen Wände bilden in diesem strengen Schlafraum eine Harmonie der Gegensätze. Der kostbare Aubusson-Wandteppich, sehr hoch gehängt, hebt sich in luxuriöser Pracht gegen die schmucklosen Betten ab, und die beiden Moskitonetze liefern den Beweis, dass Nützliches eine eigene Ästhetik besitzen kann.

Diese Seite In diesem beinahe spartanisch wirkenden Schlafzimmer einer von Andrea Palladio entworfenen Villa ist es der Maßstab, der ein Gefühl von Großzügigkeit schafft. Die hohe gewölbte Decke unterstreicht die vornehmen Proportionen und verleiht den einfachen Holzmöbeln überraschendes Gewicht. Das französische *lit en bateau* ist mit blütenweiß gestärkter Bettwäsche bezogen, und das dahinter stehende Tischchen bietet gerade genug Platz für ein Buch und die Lampe, für deren Fuß ein ehemaliger Kirchenleuchter umfunktioniert wurde. Weitere Möbelstücke sind ein venezianischer Stuhl mit Binsenflechtsitz (19. Jahrhundert) und ein schlichtes Bücherregal. In dem alten Webteppich dominieren Altrosa und Graublau, die mit den Farben des Terrazzobodens harmonieren.

PIVS VI FVRENTE GALLO EXVL AB VRBE
MORATVS SENIS TRIBVS MENSIBVS
HOC IN LECTO CVRAS SOMNO LEVAVIT
ANNA PLACIDI VIDVA

GEGENÜBER Ein äußerst seltenes Beispiel original erhaltener Schlafraumausstattung ist in der Villa Bianchi-Bandinelli bei Siena zu bewundern. Wandbespannung und Bettdekoration bestehen aus weißem Leinen mit Chinoiserie-Druck nach Vorlagen von Jean Baptiste Pillement; der Stoff wurde Ende des 18. Jahrhunderts aus Frankreich importiert. Der Wandsockel trägt eine aufgemalte Marmorierung; diese fast einfarbig wirkende dunkle Fläche setzt dem üppigen Dekor einen wohltuenden Kontrast entgegen. Für die Möbelbemalung kopierten einheimische Künstler die Motive des Stoffes – ursprünglich auch in den gleichen Farben, die jedoch im Laufe der Zeit vergilbt sind. In dem Prunkbett hat einst ein Papst übernachtet, und zum Gedenken an diesen ehrwürdigen Gast wurde sein Wappen auf dem mit vergoldeten Schnitzereien geschmückten Kopfteil angebracht.

DIESE SEITE Die ungewöhnliche Form dieses zeitgenössischen Kopfteils greift den Stil des 18. Jahrhunderts (siehe gegenüber) auf. Die dicke Fortuny-Baumwolle, mit der es bezogen ist, zeigt ein traditionelles großformatiges Damastmuster aus stilisierten Blättern und Blüten.

OBEN Dieses Wandgemälde (18. Jahrhundert) wird von einer Bordüre aus stilisierten Akanthusblättern, Blüten und Vögeln eingefasst. Den Frisiertisch ziert eine antike Damastdecke und nach alten Entwürfen mundgeblasenes venezianisches Glas.

GEGENÜBER Bei der theatralischen Ausmalung dieses Schlafzimmers stand die Bühnendekorationskunst des 19. Jahrhunderts Pate. Im Vordergrund öffnet sich der Vorhang und gibt den Blick frei auf eine idealisierte italienische Landschaft mit mittelalterlicher Burg, See und Hügeln. Unterstrichen wird der Theaterkontext durch den gemalten quastengeschmückten Lambrequin und Trompe-l'œil-Dekorationen in Grisaille-Technik, die wie kunstvoll behauener Stein wirken. In den Ecken scheinen Säulen das schwere Gesims und die (ebenfalls gemalten) Deckenbalken zu tragen. Über das *letto matrimoniale* ist eine Tagesdecke aus den 1920er Jahren gebreitet.

Das zarte Fresko in diesem einladenden Schlafzimmer (gegenüber) wurde bei Renovierungsarbeiten hinter einer Putzschicht entdeckt und sorgfältig freigelegt und restauriert. Das Ergebnis besticht durch seine Anmut und verblassten Charme. Das italienische Gespür für Symmetrie und Ausgewogenheit zeigt sich in der Platzierung der beiden weiß lackierten Eisenbetten, deren kunstvoll gearbeitete Kopfstücke die Bewegung der gemalten Bordüre aufgreifen. Breite gelbe Streifen im Bezug von Kopf- und Fußteil bringen farbige Kontraste ins Spiel, während die voll erblühten Rosen und Fliederblüten die sanften Töne der dahinter liegenden Wand wiederholen.

Ein Blick durch die Tür zeigt, dass der gleiche Stoff auch die Fenster schmückt (diese Seite). Das Gelb findet sich in den beiden Majolikatellern wieder, die auf einer Holzkommode mit Marmorplatte präsentiert werden.

GEGENÜBER Eine moderne Version des traditionellen Eisenbetts ist Blickfang in diesem ländlichen umbrischen Schlafraum. Die graziösen Bogen an Kopf- und Fußteil mildern die formale Strenge der geraden Stäbe und Pfosten. In einem leuchtenden Terrakottaton getüncht, verleihen die Wände dem Zimmer freundliche Wärme. Der niedrige Tisch am Fußende des Bettes komplettiert die Einrichtung.

DIESE SEITE Durch eine alte, aus Brettern gezimmerte Tür gelangt man in dieses gemütliche bäuerliche Schlafzimmer. Rau verputzte Wände mit einem Hauch Lehmgelb und sehr einfaches Mobiliar – Holzbett, Truhe und Stuhl – ergänzen einander zu einem Raum von rustikaler Schlichtheit. Die alte Holzdecke und der traditionelle Bodenbelag aus Terrakottafliesen unterstreichen noch den ungekünstelten Charme.

DIESE SEITE UND GEGENÜBER Das flache Steinwaschbecken (oben) wurde aus der Küche eines baufälligen Bauernhofs gerettet und hat im Badezimmer einen neuen Platz gefunden. Die luxuriös große, in den Boden eingelassene Wanne (rechts) verdankt altrömischen Einflüssen mehr als nur die blassgrauen Mosaikfliesen. Der alte Messinghahn tropft vor sich hin, während der unregelmäßige Wandanstrich eine ebenso entspannende wie belebende Atmosphäre schafft.

NACHFOLGENDE DOPPELSEITE Schlicht bis ins Extrem, wurde dieser runde Steintrog umfunktioniert und dient heute, durch altmodische Wasserhähne ergänzt und zusammen mit einem alten Holzschrank in einer Nische angebracht, als Waschbecken. Der Blick am Vorhang vorbei erweckt den Eindruck, der Trog habe sich schon immer an dieser Stelle befunden, doch ist er in Wahrheit Teil der einfühlsamen Restaurierung eines alten toskanischen Bauernhauses.

LINKS Sizilianische Fliesen sind für ihre brillanten Farben und abwechslungsreichen Muster bekannt. Hier lenken sie das Augenmerk auf Waschbecken und Spiegel eines toskanischen Badezimmers (oben). Der mit schwungvollen Bogen abgesetzte Duschbereich (unten) betont den Kontrast zwischen dem reinen Weiß von Decke, Sockel und Boden und dem Braunrosa der Wände.

OBEN UND RECHTS Die handbemalten sizilianischen Fliesen (19. Jahrhundert) über dem Waschbecken und am Wandende der Wanne sind mit einem ausgefallenen Muster in Aubergine und Blau dekoriert. Der hellste Blauton der Fliesen wiederholt sich in der Wandfarbe. Da das Haus ursprünglich kein Bad hatte, wurde ein Schlafzimmer umfunktioniert – daher die große Dusche.

AL FRESCO

Loggia, Hof und Gartenräume

Im Sommer spielt sich das Leben in Italien vielfach im Freien ab. Was gibt es Schöneres, als bei warmem Wetter unter einer weinberankten Pergola in geselliger Runde das Glas zu erheben oder zwischen den Bogen einer malerischen Loggia zu sitzen. Im Garten spenden ausladende Bäume Schatten für ausgedehnte Mahlzeiten oder eine ruhige Siesta, während in Städten und Dörfern Restaurants und Cafés ihre Tische weit auf das Straßenpflaster hinausstellen und das eroberte Terrain mit bunt bepflanzten Blumenkästen sichern. Tagsüber schützen riesige Segeltuchschirme die Speisenden vor der Sonne; nach Einbruch der Dunkelheit bilden mit Flutlicht angestrahlte historische Bauten eine magische Kulisse.

Richtig lebendig werden Straßen und Gassen zumeist erst am frühen Abend, wenn die tägliche *passeggiata* alles, was Beine hat, aus dem Haus lockt; dieser Abendbummel ist ebenso Bestandteil des italienischen Lebens wie Pasta und Campari. Kinder toben laut kreischend herum, und die Erwachsenen schütteln Hände, als hätten sie sich monatelang nicht gesehen, obwohl sie einander doch gestern noch begegnet sind. Erst wenn alles zum Abendessen an den heimischen Herd strömt, wird es ruhiger.

Ein Garten ist in der Stadt eher die Ausnahme, aber es gibt viele Balkone mit üppigen Hängegeranien, und zwischen den Dachflächen alter wie neuer Häuser findet man winzige begrünte Terrassen. Ältere Dorfbewohner sitzen gern auf einem Stuhl vor ihrer Haustür, um alles mit wachen Augen zu beobachten.

Manchmal erhascht man von einer schmalen Straße aus auch einen Blick in einen privaten Innenhof – gewöhnlich mit vielen Grünpflanzen, leuchtenden Blumen in Terrakottatöpfen und einer Steinbank, mit Glyzinien, Kletterrosen oder wildem Wein, die die Wände erklimmen. Es gibt sehr viel mehr dieser kleinen Oasen, als man denkt, aber die meisten verstecken sich hinter hohen Mauern und sind nur den Bewohnern zugänglich, die hier ein beschauliches Fleckchen ganz für sich haben.

Zu den vornehmen Anwesen in der Lombardei, der Toskana und dem Veneto sowie in der Umgebung von Rom gehören große formelle Gärten, die die Architektur der Villen stilvoll unterstreichen. Schnurgerade Zypressenreihen säumen die Auffahrt zum Haupthaus, und niedrige, formgestutzte Buchshecken umrahmen symmetrisch und in streng geometrischen Formen Blumenbeete und Wege, während Treppen, Zierteiche, Springbrunnen, Steinsockel und Obelisken, spiegelgleich platziert, ein optisches Gleichgewicht schaffen. Klassische Statuen beleben den Garten, bisweilen gibt es sogar ein Freilufttheater. Diese Gärten besucht man am besten in der Kühle des Abends, wenn die Sonne lange Schatten über Rasenflächen wirft und Konturen reliefartig betont, oder am

VORIGE DOPPELSEITE Der große Barockarchitekt Carlo Fontana entwarf die Villa Cetinale im Jahr 1680 für die Familie Chigi, zu der bedeutende Bankherren und Förderer der schönen Künste gehörten. Die cremefarbene Fassade (links) wird durch hohe Bogen aufgelockert, hinter denen die offene Loggia einen schattigen Standort für üppig grüne Kübelpflanzen bietet. Das sattgrüne Laub hebt sich dekorativ vor der strahlend weißen Wand und der fein gearbeiteten Marmorbüste ab, die auf einem skulptierten Sockel steht (rechts).

Ein gepflegter Kiesweg, der schnurgerade vom Tor zum Haus verläuft, wird von formgeschnittenen Buchshecken flankiert. Die Anlage des Gartens erhält durch sie eine ähnliche Strenge wie die Fassade des Hauses durch die Eck- und Bogensteine. Diese Betonung von Proportion und Symmetrie zeigt auch die Anordnung der Statuen von Giuseppe Mazzuoli und der Zitronenbäumchen zu beiden Seiten der Auffahrt.

Jenseits der Villa und ihrem kunstvoll angelegten Park steigt das Terrain zu eichenbestandenen Hügeln an und unterstreicht so die enge Verbundenheit zwischen Haus und Landschaft.

GEGENÜBER Lichte Helle charakterisiert die breite Loggia des Torre di Bellosguardo. Die Verglasung der Bogenöffnungen – mit Blick über den Innenhof – stellt sicher, dass man hier rund ums Jahr geschützt sitzen kann und auch empfindliche Pflanzen gut über den Winter kommen.

GEGENÜBER Ein Gefühl von Ruhe und Frieden erfüllt diese kleine, verborgene Oase in den Hügeln von Chianti. Im Schatten eines Maulbeerbaums laden die rustikale Bank und der Holztisch zu einem beschaulichen Glas Wein ein. Aromatische Minze, rankende Passionsblumen und Weinreben bilden einen stimmungsvollen Rahmen, während die großen, dekorativen Blätter des Akanthus daran erinnern, dass diese Pflanze schon in der Antike Künstler und Architekten inspirierte.

NACHFOLGENDE DOPPELSEITE LINKS
Die *barchessa* wurde im 19. Jahrhundert an Palladios Villa Saraceno angefügt und verbindet das Haupthaus mit den Wirtschaftsgebäuden. Sie bietet reichlich Platz, um viele liebe Gäste zu einem Essen *al fresco* einzuladen. Zwischen den Säulen blickt man auf den von einer hohen Mauer umgebenen Garten. Der ehemalige Kornspeicher über der schweren Balkendecke beherbergt heute eine Reihe zusätzlicher Gästeschlafzimmer.

NACHFOLGENDE DOPPELSEITE RECHTS
Von intensiv duftendem Jasmin umrankt, überblickt dieses Freiluft-Speisezimmer einen hübschen Hof voller Rosen, Geranien und Petunien. Ein Ziegelvordach sorgt für den nötigen Schatten; Korbwaren und Keramikkrüge betonen noch die Rustikalität der Loggia. Auf der offenen Feuerstelle wird häufig Fleisch gegrillt.

frühen Morgen, wenn der Himmel leicht diesig ist und die frische Luft den Duft der Pflanzen noch kostbarer erscheinen lässt.

Bei Bauernhäusern und architektonisch weniger bedeutenden Gebäuden spielt der Garten keine so formelle Rolle. Die Bepflanzung ist weitaus natürlicher, und anders als beim klassischen italienischen Garten, in dem es nur sehr wenige Blumen gibt, findet man hier jede Menge Blütenpflanzen: Rosen, Lavendel, Iris, Lilien und viele andere gedeihen in voller Pracht. Nicht in sorgfältig abgezirkelte Beete gezwängt, wachsen sie zwischen Gras oder bilden eine Grenzrabatte zu den Feldern. Die Bäume dieser Gärten stammen häufig noch aus der Zeit, als das Gehöft bewirtschaftet wurde und Feigen, Pflaumen, Pfirsiche und Birnen den Speiseplan der Bauern bereicherten. Knorrige alte Olivenbäume erinnern an die lange Geschichte des Hofes und stellen zugleich einen lebendigen Bezug zwischen Garten und umliegender Landschaft her.

Auf dem Lande ist ein Garten natürlicher Bestandteil des Hauses, und der schattige Platz unter den Bogen der offenen Loggia bildet die Verbindung zwischen den beiden. Manchmal ist die Loggia prächtiger architektonischer Schmuck und markiert den Eingang zum Haus (S. 54), in anderen Fällen stellt sie nur einen einfachen Gartenraum dar, in dem man sich mit Familie und Freunden zum Essen oder einem Glas Wein zusammensetzt. Beliebter Treffpunkt in vielen italienischen Gärten ist auch der Swimmingpool, wo vielleicht ein riesiger Sonnenschirm oder eine Markise ausreichend Schatten werfen, um darunter den Tisch für ein ausgedehntes Mittagessen decken zu können.

An der gebirgigen Küste Italiens, wo die Felswände steil zum Meer hin abfallen, wurden die winzigen Grundstücke in Gärtchen umgewandelt. Was diesen an Fläche abgeht, machen sie an Farbe wett – purpurne und violette Bougainvilleen, rosa und rote Geranien, blaue Bleiwurzgewächse, orangefarbene Kapuzinerkresse und weißer Jasmin blühen vor blauem Himmel und blauer See. Oft reicht der Platz zwischen den Töpfen gerade für einen Tisch und ein paar Stühle oder zwei Liegen, auf denen man sich zurücklehnen und die Aussicht genießen kann.

Für das Leben im Freien braucht man bequeme Möbel, die sich leicht transportieren lassen. Quasi die Grundform – und allerdings nur für eine Person tauglich – ist die Hängematte, die man zwischen zwei Bäume bindet. Gilt es mehrere Leute unterzubringen, sind hübsch geformte Metallstühle eine beliebte Wahl, da sie zudem jeder Witterung standhalten. Bequemer sind allerdings, vor allem wenn man länger sitzt, Stühle aus Segeltuch, die gerne um einen niedrigen Tisch herum gruppiert und auf der Terrasse oder im Garten aufgestellt werden.

Diese Seite und gegenüber Im oberen Teil des Torre di Bellosguardo bietet eine großzügige Loggia weite Ausblicke auf den Park der Anlage und die Landschaft um Florenz. Das herrliche Panorama, das man schon beim Frühstück von diesem Aussichtspunkt genießen kann, erinnert an die ursprüngliche Funktion des Bauwerks, das im 12. Jahrhundert als Wehrturm errichtet wurde. In den unteren Geschossen boten mächtige befestigte Mauern den einstigen Bewohnern Schutz gegen feindliche Angreifer.

Nachfolgende Doppelseite Sonnig-warme Tage sind ideal für Mahlzeiten oder geselliges Beisammensitzen *al fresco* – umgeben von duftenden Blüten und prachtvoller Aussicht. Formelle Gärten mit kunstvoll angelegten Terrassen, Buchshecken, Kieswegen und Statuenschmuck wollen durchschritten und bewundert werden, während die Bauerngärten dazu einladen, sich im Schatten eines Baumes auszuruhen. In Kästen und Töpfen blühen Geranien und Petunien, und Rosen neigen sich über Mauern und Pergolen.

GEGENÜBER Tief im Herzen der italienischen Landschaft liegt dieser fast naturbelassene Garten voller Wildblumen und Gräser. Der Weg vom Haus zu dem rustikalen Steintisch führt durch herrlich duftende Lavendel- und Rosmarinbüsche. Ein wunderschönes friedliches Fleckchen Erde, von dem aus man zudem das weite umliegende Hügelland überblickt. Im Sommer bietet der Baum kaum Schutz vor den sengenden Strahlen der Mittagssonne, aber abends kann man sich gegen die warmen Steine der Stallmauer lehnen und unter sternenklarem Himmel den Glühwürmchen beim Tanz zuschauen.

UNTEN Dieses schattige Plätzchen in einem umbrischen Bauerngarten ist ideal zum Kaffeetrinken oder Zurücklehnen, wenn der Wind im silbergrünen Laub der alten Olivenbäume raschelt. Im Hintergrund reicht der Blick weit über das dunstige Hügelland.

NACHFOLGENDE DOPPELSEITE Zartrosa Blütenblätter hat der Wind auf die spiegelblaue Fläche des Pools geweht. Müßig auf einer Chaiselongue unter der Markise zu liegen und in den Tag hinein zu träumen zählt sicher zu den schönsten Genüssen, die Italien zu bieten hat.

LITERATURHINWEISE

Agnelli, Marella; u. a.: *Verzauberte Welten. Italienische Gärten und Villen.* Busse + Seewald, Herford 1988

Azzi Visentini, Margherita: *Die italienische Villa. Bauten des 15. und 16. Jahrhunderts.* DVA, Stuttgart 1997

Batta, Ernst: *Römische Paläste und Villen.* Tb. Insel, Frankfurt a.M. 1992

Bödefeld, Gerda; Hinz, Berthold: *Die Villen der Toscana und ihre Gärten.* Kunstreiseführer, DuMont, Köln 1991

Bödefeld, Gerda; Hinz, Berthold: *Die Villen im Veneto. Baukunst und Lebensform.* Wissenschaftliche Buchgesellschaft, Darmstadt 1998

Contardi, Bruno: *Barock in Italien. Von Bernini zu Guarini.* Taschen Verlag, Köln 1999

Cresti, Carlo; Listri, Massimo (Ill.): *Villen der Toskana.* Hirmer Verlag, München 1992

Gurrieri, Francesco; Fabbri, Patrizia: *Die Paläste von Florenz.* Klinkhardt & Biermann, München 1996

Helman Minchilli, Elizabeth; McBride, Simon (Fotos): *Wohnen in der Toskana. 21 ländliche und exklusive Interieurs.* Christian Verlag, München 1999

Hobhouse, Penelope: *Gärten in Italien. Ein Reiseführer zu den schönsten Gartenanlagen.* Birkhäuser Verlag, Basel 1999

Howard, Edmund; Benn, Oliver: *Italia. Lebenskunst auf Italienisch.* VFV-G., Mainz 1997

Lauritzen, Peter; Acton, Harold; Reinhart, Wolf (Fotos): *Die Villen von Venetien.* Bechtermünz Verlag, Augsburg 1996

Listri, Massimo; Cunaccia, Cesare M.: *Italienische Gärten. Faszinierende Gartenkunst vom Comer See bis Capri.* Falken, Niedernhausen 1998

Mazzariol, Giuseppe; Dorigato, Attilia; Trivellato, Gianluigi (Fotos): *Paläste in Venedig.* Taschen Verlag, Köln 1998

Miller, Judith; Clinch, Tim (Fotos): *Klassischer Wohnstil. Inspirationsquelle Antike: Historische Entwicklungen – Dekorative Details – Wohnbeispiele.* Christian Verlag, München 1999

Muraro, Michelangelo; Marton, Paolo (Ill.): *Villen in Venetien.* Könemann Verlag, Köln 1996

Richter, Dieter; Vollmer, Eva Ch.; Thomas, Martin (Fotos): *Italien.* (Die Nationen Europas). Bucher, München 1998

Rinaldi, Paolo: *Toskana Interieurs.* Taschen Verlag, Köln 1998

Sutcliffe, John: *Gestalten mit Farben auf Wasserbasis. Traditionelle Anstriche und Dekorationstechniken für Wände, Möbel, Accessoires.* Christian Verlag, München 1997

Wundram, Manfred; Pape, Thomas; Marton, Paolo (Fotos): *Andrea Palladio. 1508–1580. Architekt zwischen Renaissance und Barock.* Taschen Verlag, Köln 1999

Wundram, Manfred: *Renaissance.* Taschen Verlag, Köln 1997

REGISTER

Kursiv gesetzte Seitenzahlen beziehen sich auf Bildlegenden.

DANKSAGUNG DER AUTORIN

Beim Schreiben dieses Buches hatte ich das Glück, mit zwei Lektorinnen arbeiten zu dürfen: mit Caroline Bugler, von der die Idee stammt und die den Anstoß dafür gab, und Slaney Begley, deren Begeisterung die Vollendung des Projektes sicherstellte. Die Tatsache, dass es so schön aussieht, ist der Kreativität von Anne Wilson, seiner Designerin, sowie dem Fotografen Simon Upton zu verdanken, dessen geschultes Auge die herrlichen Bilder auswählte und zusammenstellte. Unterstützt haben uns dabei Anne Fraser und Sue Gladstone. Ich möchte mich bei allen dafür bedanken, dass die Produktion dieses Buches zu einer so beglückenden Erfahrung wurde.

In Italien haben uns die Eigentümer der vielen schönen Häuser, aus denen die Interieurs dieses Buches stammen, bereitwillig erlaubt, zu fotografieren, und so bin ich zu besonderem Dank verpflichtet: Contessa Shirley Carracciolo, Conte Andrea Bianchi-Bandinelli, Anita Broggi, Tony Walford, Conte Antonio Bolza, Lord Lambton und Claire Ward, Frédéric Bouilleux, Senora Trois, The Landmark Trust, meiner eleganten Gastgeberin und Freundin in Venedig und den lieben Freunden, die ein wunderschönes Jagdhaus in Mittelitalien besitzen, sowie all jenen, die ungenannt bleiben wollten.

Außerdem gilt mein Dank einigen anderen Personen, die mir bei meinen Nachforschungen behilflich waren und mir zu interessanten Häusern Zugang verschafften. Maria Fairweather war eine aufmerksame Gastgeberin in der Villa Wolkonsky in Rom. Catherine Fairweather lieferte wertvolle Ideen, Harry Scio hieß mich im Poste Vecchia willkommen, Sarah Townsend im Palazzo Terranova, Marcello Salom wie auch Giovanni Giurlani in Lucca und Contessa Jane Da Mosto in Venedig.

Bei der Firma Ornamenta unterstützten mich Alexa Turnbull, Melanie Taylor, Sally Crawford und Laura de Haan, und ich bin außerordentlich dankbar für ihre Geduld und ihre Hilfe bei der Arbeit an diesem Buch.

IN ITALIEN ZU GAST

Einige der in diesem Buch beschriebenen Häuser und Gartenanlagen können nach Anmeldung besichtigt werden.

Villa Bianchi-Bandinelli,
Geggiano, 53049 Siena

Villa Cetinale (nur Gartenanlage),
Cetinale, Sovicille, 53018 Siena

Ridotto, Casino Venier,
San Marco 4939, 30122 Venedig

Der Torre di Bellosguardo beherbergt ein Hotel und kann das ganze Jahr über besichtigt werden: Via Roti Michelozzi No. 2, 50124 Florenz

Die Villa Saraceno kann privat angemietet werden:
Villa Saraceno, Via Finale, 36020 Agugliaro. Tel. 0444/891371

DANKSAGUNG DES VERLAGS

Der Verlag dankt Katherine Morgan bei AD/Italy für ihre Unterstützung, den Mitarbeitern von Lupus Travel Ltd für ihre Hilfe und Geduld und J. D. Lee für die Erstellung des Registers.

BILDNACHWEIS

Veranstalter, bei denen man Landhäuser und Villen mieten kann, teilt das Staatliche Italienische Femdenverkehrsamt (ENIT) mit. (Kaiserstr. 65, 60329 Frankfurt, Tel. 069/23 74 30. Karl-Liebknecht-Str. 34, 10178 Berlin, Tel. 030/2 47 83 97. Goethestr. 20, 80336 München, Tel. 089/53 13 17)